Devenir le CMO le plus performant

Mesures, voies et stratégies

Écrit par Louie Hawking
Édité par Cornell-David Publishing House

5. Adopter l'agilité et la flexibilité

Droits d'auteur et clauses de non-responsabilité :

Avis de non-responsabilité financière

Droits d'auteur et autres clauses de non-responsabilité :

I. Introduction au rôle de CMO hautement performant

Comprendre le rôle d'un CMO performant

Rôle primordial au sein de toute organisation, le directeur du marketing, ci-après dénommé le CMO, occupe une place dans la liste des C-suites, de stature égale à celle d'autres cadres supérieurs tels que le PDG, le CFO et le COO. Le rôle d'un CMO, cependant, dépasse de loin les tâches de marketing typiques et se transforme en une description de poste aux multiples facettes qui touche presque tous les aspects commerciaux. Il maîtrise divers domaines allant du marketing traditionnel, à la construction de récits de marque solides, à l'analyse de données, à l'expérience consommateur, jusqu'à la compréhension du paysage numérique et technologique. Dans une organisation à l'épreuve du temps, le CMO est le point de fusion de la technologie, des données, du contenu et de la créativité, stimulant la croissance et ayant un impact profond sur les résultats de l'entreprise.

Le terme « haute performance », souvent évoqué dans les discussions sur la croissance et la stratégie des entreprises, n'est pas seulement un mot à la mode mais plutôt une qualification qui sépare nettement la médiocrité des performances exceptionnelles. Cela fait référence à la définition d'objectifs audacieux et ambitieux, à la démonstration de solides compétences d'exécution, à la promotion de l'innovation, à la démonstration de niveaux élevés d'efficience et d'efficacité et, plus important encore, à l'obtention constante de résultats commerciaux solides. En tant que tel, un CMO performant n'est pas seulement responsable de la conception de campagnes publicitaires créatives, mais il s'étend également à l'établissement d'un lien solide entre la proposition de l'entreprise et le marché cible, apportant ainsi de la valeur aux clients et à l'organisation.

Cependant, comprendre les moyens de devenir un CMO performant est un casse-tête complexe qui nécessite une dissection minutieuse. Cela implique un apprentissage et une adaptation continus, en gardant une longueur d'avance sur les tendances marketing et en tirant parti des avancées technologiques. En outre, cela nécessite une planification astucieuse, une prospective stratégique, un sens de la gestion, une recherche incessante de résultats, des compétences de communication exceptionnelles et, l'attribut le plus déterminant, du leadership.

La mesure du succès d'un CMO performant ne se limite pas à des opinions subjectives, mais repose fondamentalement sur des mesures claires et quantifiables. Les taux de fidélisation des clients, les niveaux de reconnaissance de la marque, l'engagement sur les réseaux sociaux, les taux de conversion, la rente de revenus, le retour sur investissement du marketing numérique, les coûts d'acquisition de clients, la valeur à vie sont quelques-unes des nombreuses mesures de performance que les directeurs marketing les plus performants suivent systématiquement.

Cependant, la compréhension des métriques n'est qu'une partie de l'équation pour devenir un CMO performant. Il est tout aussi important de déterminer les voies de transition d'un CMO traditionnel à un CMO performant et les stratégies pour aider à maintenir et à améliorer encore ce niveau de performance.

Ce livre est une exploration de ces métriques, voies et stratégies qui ouvrent la voie pour devenir un CMO performant. Il sert de guide aux aspirants directeurs marketing, les aidant à naviguer dans les méandres de leur cheminement de carrière, les dotant d'outils pratiques et les inspirant avec des études de cas réels de directeurs marketing performants qui ont constamment fait preuve de hautes performances.

Le parcours pour devenir un CMO performant est difficile mais gratifiant. C'est un voyage qui en vaut la peine pour ceux qui sont assez courageux pour s'y lancer, car les plus hauts échelons du succès organisationnel attendent ceux qui font leurs preuves. Votre voyage commence ici.

Voies pour devenir un directeur du marketing (CMO) hautement performant

Développer les aptitudes et les compétences nécessaires pour réussir dans un rôle de directeur du marketing (CMO) est un parcours qui implique une combinaison d'éducation formelle, d'expérience pratique et un engagement envers l'apprentissage et la croissance continus. Certaines des voies clés que les futurs directeurs marketing pourraient envisager comprennent :

- **Formation académique** : bien qu'il n'y ait pas de parcours éducatif défini pour devenir CMO, de nombreux professionnels occupant ce poste sont titulaires d'au moins un baccalauréat en marketing, en commerce ou dans un domaine connexe. Un diplôme d'études supérieures, tel qu'une maîtrise en administration des affaires (MBA), peut améliorer davantage la compréhension des stratégies commerciales et le sens financier.

- **Expérience** : Les directeurs marketing très performants apportent souvent un ensemble d'expériences acquises dans divers rôles au sein du marketing. Cela peut inclure des postes tels que directeur marketing, directeur marketing ou vice-président du marketing. Il convient de noter que l'exposition à divers secteurs de l'entreprise, tels que les ventes, le développement de produits et le service client, peut offrir une expérience interfonctionnelle précieuse.
- **Développement professionnel** : les directeurs marketing doivent rester à la pointe des tendances et des technologies marketing. Cela peut impliquer d'assister à des conférences, de participer à des webinaires, de lire des articles sur le leadership éclairé ou d'obtenir des certifications professionnelles.
- **Réseautage** : l'établissement et le maintien d'un réseau professionnel solide peuvent offrir des opportunités de mentorat, de partenariats et des informations sur l'évolution des pratiques marketing.

Stratégies clés pour réussir en tant que CMO performant

Une fois en poste, réussir en tant que directeur marketing hautement performant implique généralement de mettre l'accent sur plusieurs stratégies clés :

- **Comprendre le paysage commercial** : Une compréhension approfondie du paysage de l'industrie, des tendances du marché, du comportement des clients et de la dynamique concurrentielle est essentielle. Il permet au CMO d'identifier les opportunités et les menaces, et d'adapter les stratégies en conséquence.

- **Stimuler l'orientation client** : le CMO joue un rôle central en veillant à ce que l'entreprise reste concentrée sur le client. Cela peut impliquer la promotion d'initiatives de connaissance des clients, la conduite de stratégies centrées sur le client et la promotion d'une culture de service client.
- **Exploiter les données** : à l'ère du numérique, les directeurs marketing doivent être capables d'exploiter les données pour obtenir des informations, prendre des décisions éclairées et mesurer les performances. Cela implique de comprendre les outils d'analyse de données, d'interpréter les données et d'appliquer des informations pour affiner les initiatives marketing.
- **Construire des équipes solides** : les directeurs marketing hautement performants sont également des leaders influents. Ils investissent dans le développement de leurs équipes, les incitent à donner le meilleur d'eux-mêmes et favorisent un environnement collaboratif et innovant.
- **Influence et persuasion** : les directeurs marketing doivent être capables d'exprimer leur vision et de persuader les autres d'y adhérer. Cela nécessite de solides compétences en communication, l'établissement de relations et la capacité de démontrer la valeur commerciale des initiatives marketing.

Indicateurs qui définissent les CMO les plus performants

L'évaluation des performances d'un CMO implique l'examen d'un ensemble de mesures. Les mesures clés comprennent :

- **Mesures financières** : Celles-ci incluent des mesures telles que le retour sur investissement marketing (ROMI), la valeur vie client (CLV) et la part de marché. Les directeurs marketing sont de plus en plus tenus responsables de leur contribution à la croissance des revenus et à la rentabilité, et ces mesures sont révélatrices de leur impact sur les résultats.
- **Métriques client** : celles-ci peuvent impliquer des mesures telles que le coût d'acquisition client (CAC), le taux de désabonnement, les scores de satisfaction client (CSAT) et le score net du promoteur (NPS). Ces mesures offrent un aperçu de l'efficacité des stratégies d'acquisition et de fidélisation des clients.
- **Indicateurs de marque** : les indices de notoriété de la marque, de capital de marque et de réputation de la marque fournissent une mesure de la santé et de la force de la marque, ce qui relève souvent de la responsabilité du directeur marketing.
- **Métriques numériques** : à l'ère numérique, la mesure du trafic Web, du taux de rebond, des taux de conversion, des taux de clics et de l'engagement sur les réseaux sociaux sont des mesures pertinentes. De telles mesures illustrent le succès des initiatives de marketing numérique dans la stimulation de l'engagement et des conversions en ligne.
- **Indicateurs d'innovation** : les directeurs marketing les plus performants sont souvent à la pointe de l'innovation dans leur entreprise. Les mesures ici pourraient inclure le nombre de nouveaux produits ou services lancés, le degré de pénétration du marché de ces innovations et le retour sur investissement dans l'innovation.

Le CMO hautement performant n'est pas seulement un spécialiste du marketing, mais aussi un chef d'entreprise qui comprend les objectifs stratégiques de l'entreprise, sait comment aligner les activités marketing sur ces objectifs et est capable de contribuer de manière mesurable aux résultats financiers. Un tel CMO est un atout indispensable dans toute organisation désireuse de stimuler la croissance et le succès.

Sous-section 1.1 : Comprendre le rôle d'un CMO performant

Le directeur marketing (CMO) joue un rôle central dans la formation de la croissance, de la réputation et du succès global d'une organisation. Cependant, le paysage dans lequel ils opèrent a subi des changements importants au cours des dernières décennies, rendant encore plus complexe le rôle d'un CMO performant.

Un CMO hautement performant est un leader principalement chargé de superviser les départements marketing, de gérer les stratégies marketing et de stimuler la croissance de l'entreprise. Ils sont chargés de développer une vision, une stratégie et un plan d'exécution marketing clairs et convaincants. Leurs objectifs s'alignent sur la stratégie commerciale plus large de l'organisation et se concentrent sur des résultats mesurables qui démontrent l'impact de leurs efforts de marketing.

A. Le paysage changeant

Les directeurs marketing opèrent aujourd'hui dans un monde de plus en plus numérique et axé sur les données. Dans un paysage marketing en évolution, il n'est plus suffisant de se concentrer sur les canaux de marketing traditionnels. Les directeurs marketing modernes doivent être des versificateurs, comprenant et utilisant un large éventail de stratégies marketing allant de la création de contenu à l'optimisation des moteurs de recherche, en passant par la gestion des médias sociaux, le développement de la marque, l'analyse des données et le reporting, etc.

Le CMO très performant devrait également tirer parti de technologies avancées telles que l'intelligence artificielle et l'apprentissage automatique pour automatiser et améliorer les efforts de marketing. Il est également essentiel que les directeurs marketing se tiennent au courant des tendances et opportunités émergentes, telles que le marketing personnalisé, l'expérience client et la création d'une vue à 360 degrés du parcours client.

B. L'importance des mesures

La mesure du succès d'un CMO performant a également connu des changements considérables. Traditionnellement, le succès d'un CMO était mesuré à l'aide de « mesures de vanité » telles que le nombre de nouveaux utilisateurs obtenus ou le nombre de visites sur un site Web. Bien que ces mesures soient utiles, elles ne fournissent pas une image complète des performances marketing et de l'impact sur les résultats de l'organisation.

Aujourd'hui, les CMO doivent se concentrer sur des « mesures d'impact » qui démontrent l'impact réel des activités de marketing sur les résultats commerciaux. Ceux-ci peuvent inclure des mesures telles que le coût d'acquisition client (CAC), la valeur à vie du client (CLTV), le retour sur investissement marketing (ROMI) et le score net du promoteur (NPS).

En outre, les directeurs marketing doivent également exploiter des outils d'analyse de données qui permettent une mesure et un suivi sophistiqués de ces mesures. Ils doivent utiliser ces informations pour optimiser les futures stratégies marketing et prouver la valeur de leur travail au reste de l'organisation.

C. Voies pour devenir un CMO performant

Il existe plusieurs voies pour devenir un CMO performant. Aujourd'hui, un CMO efficace nécessite un mélange dynamique de compétences, notamment des capacités de leadership, de solides compétences analytiques, une réflexion stratégique, des prouesses techniques et une compréhension du comportement des consommateurs.

L'acquisition de ces compétences implique souvent un parcours professionnel varié qui traverse différents rôles et départements au sein d'une organisation. Un directeur marketing doit comprendre les différentes facettes de l'entreprise pour aligner les objectifs marketing sur les objectifs commerciaux globaux.

De nombreux directeurs marketing à succès ont également une expérience dans des domaines autres que le marketing, tels que les ventes, l'informatique ou le service client. Cette expérience interfonctionnelle aide les directeurs marketing à comprendre comment le marketing interagit avec d'autres parties de l'entreprise pour affecter les résultats.

D. Stratégies de réussite

Bien que chaque organisation et son contexte soient uniques, quelques stratégies générales améliorent souvent l'efficacité d'un CMO performant :

- **Développer une approche centrée client** : Un CMO performant est celui qui place le client au centre de toutes les initiatives marketing. Cette personne comprend les problèmes, les préférences et les besoins du client à toutes les étapes de son cycle de vie.
- **Construire une équipe marketing forte et agile** : Un CMO n'a de succès que si l'équipe qui l'entoure. Construire une équipe marketing efficace est crucial, et il est essentiel de garantir que l'équipe puisse réagir rapidement aux changements du paysage du marché.
- **Établir une présence influente dans la salle du conseil d'administration** : les directeurs marketing doivent avoir la capacité d'influencer les autres dirigeants de l'organisation et de plaider pour les ressources et le soutien dont leurs équipes ont besoin.
- **S'engager dans une formation continue et un développement professionnel** : pour rester à jour dans un paysage marketing en évolution rapide, les directeurs marketing les plus performants doivent s'engager dans une formation continue et rechercher régulièrement des opportunités de développement professionnel.

En comprenant le rôle, les indicateurs, les cheminements de carrière et les stratégies, ce livre espère servir de guide aux futurs directeurs marketing hautement performants qui sont prêts à relever les défis et les opportunités offerts par un environnement commercial en constante évolution. Non seulement cela assurera votre succès en tant que CMO, mais cela contribuera également au succès global de votre organisation.

Dévoilement du modèle d'un CMO performant

Un Chief Marketing Officer (CMO) performant n'est pas seulement une personne qui sait comment créer et mettre en œuvre des stratégies marketing. Ce sont des catalyseurs de croissance, des architectes de marque, des défenseurs des clients et des coachs d'équipe qui peuvent placer l'entreprise dans le rythme effréné du marketing moderne. Ils alignent les objectifs commerciaux avec des stratégies innovantes, cultivent des équipes multi-engagées et conduisent à des progrès constants. Mais comment cette performance de grande puissance est-elle atteinte, mesurée et affinée en permanence ? C'est ce que nous avons l'intention de déballer.

Adopter la portée du rôle de CMO moderne

Le CMO moderne fonctionne comme le pont crucial entre la salle de conférence de l'entreprise et le paysage du marché. Leur rôle consiste non seulement à diriger une croissance axée sur le marketing, mais également à créer de la valeur pour la marque, à comprendre et à façonner l'expérience client, à maîtriser les données et les analyses, à stimuler l'innovation et à favoriser une culture centrée sur le client dans l'ensemble de l'organisation. À mesure que l'espace marketing devient de plus en plus axé sur la technologie et le client, l'étendue et la profondeur du rôle de CMO évoluent et s'étendent.

Définir les bonnes mesures

La pierre angulaire d'une activité CMO performante est la sélection des bons indicateurs. Pour prouver leur impact et éclairer leurs stratégies, les CMO s'appuient de plus en plus sur un large panorama de points de données quantitatifs et qualitatifs. Le trafic Web, l'engagement sur les réseaux sociaux, les taux de conversion de leads, les coûts d'acquisition de clients et le retour sur investissement marketing ne sont que quelques exemples des innombrables marqueurs analytiques pris en compte par les directeurs marketing modernes. Cependant, l'alignement de ces mesures avec les objectifs commerciaux principaux et les tendances générales du marché reste une priorité et un défi clés. Savoir comment utiliser les données, quand les utiliser et les aligner sur les décisions stratégiques est au cœur de la haute performance.

Adopter les bonnes voies : innovation, intégration et inspiration

Le succès en tant que CMO performant n'est pas une formule unique, mais certaines voies sont toujours efficaces.

- **Innovation :** les CMO, en tant qu'innovateurs, recherchent constamment des méthodes et des tendances révolutionnaires pour rester en tête sur un marché hyper-concurrentiel. Ils acceptent le risque comme nécessaire pour dénicher des idées et des opportunités créatives.

- **Intégration** : En tant que chefs d'orchestre virtuoses de l'orchestre marketing, les directeurs marketing doivent intégrer harmonieusement diverses fonctions (comme la publicité, les relations publiques, les ventes, le service client, etc.) pour offrir une expérience client cohérente et convaincante.
- **Inspiration** : les CMO en tant que leaders inspirants peuvent galvaniser leurs équipes pour réaliser l'impensable. Ils comprennent que la motivation et la capacité de l'équipe sont aussi cruciales que la stratégie et l'exécution.

S'engager sur la voie stratégique

La stratégie est la boussole qui guide les directeurs marketing. Ils ne se contentent pas de participer, ils formulent et dirigent l'exécution d'initiatives stratégiques. Des stratégies efficaces découlent d'une solide compréhension du marché et de ses parties prenantes, ainsi que d'une vision claire des objectifs à court et à long terme de l'entreprise. Le talent de faire pivoter les stratégies au bon moment est ce qui garantit le succès dans un paysage marketing dynamique.

Incontestablement, devenir un CMO performant implique un apprentissage et une croissance sans fin. Il s'agit de maîtriser de nouvelles compétences, de mener des initiatives d'autonomisation, de mesurer les progrès et de démontrer un impact significatif. Les prochains chapitres de ce discours intrigant approfondiront les techniques et les voies que les directeurs marketing à succès utilisent pour atteindre et conserver leur statut de haute performance. C'est à vous de vous joindre à nous.

1.1 Comprendre le rôle d'un CMO performant

Un directeur du marketing (CMO), par définition, est le cadre chargé de superviser et de piloter les stratégies de marketing et de publicité d'une entreprise afin de favoriser la croissance de l'entreprise. Cependant, le récit du CMO contemporain évolue rapidement. Le CMO performant ne se contente plus de superviser uniquement les activités de marketing. Le rôle est devenu plus omniprésent, exigeant à la fois le rôle d'un penseur stratégique, d'un analyste de données, d'un défenseur des clients et d'un navigateur de tendances.

Pour devenir un CMO performant, il ne s'agit pas seulement de maîtriser l'art et la science du marketing mais aussi, dans une large mesure, d'incarner efficacement un rôle de leadership à l'ère de la transformation numérique. Un tel CMO transcende les paradigmes marketing traditionnels, en tirant parti des expériences passées en conjonction avec des techniques de pointe pour obtenir des résultats commerciaux inégalés.

1.1.1 Pivoter vers un marketing axé sur les résultats

Le marketing moderne ne consiste plus à créer des campagnes flashy ou des jingles qui collent. Il s'agit d'une discipline axée sur les résultats dans laquelle les performances du CMO sont souvent évaluées sur la base de mesures commerciales spécifiques. Qu'il s'agisse de l'acquisition de clients, de la fidélisation de la clientèle, de la croissance des grands comptes, de la reconnaissance de la marque ou du chiffre d'affaires global, la réalisation de ces indicateurs témoigne du succès d'un CMO.

1.1.2 À cheval entre l'art et la science

L'essor des mégadonnées et de l'analyse a nécessité le rôle d'un CMO pour chevaucher efficacement les domaines de l'art et de la science. Aujourd'hui, les directeurs marketing doivent être à l'aise avec des ensembles de données complexes, discerner des modèles et prendre des décisions éclairées et fondées sur les données, tout en faisant preuve de créativité pour concevoir des campagnes engageantes, des récits de marque convaincants et des expériences client transformatrices.

1.1.3 Promouvoir l'expérience client

Un CMO performant défend l'expérience client (CX) au sein de l'organisation. Le rôle du CMO consiste à comprendre les préférences et le comportement des clients, à développer des produits et des campagnes centrés sur le client et à piloter les initiatives CX de l'organisation. Cela signifie travailler en étroite collaboration avec d'autres cadres supérieurs et susciter la collaboration entre différents départements pour créer une culture d'entreprise centrée sur le client.

1.1.4 Piloter la transformation numérique

Alors que l'économie numérique occupe une place centrale, le rôle du CMO est essentiel pour piloter le parcours de transformation numérique de l'entreprise. Aujourd'hui, un CMO très performant est technologiquement astucieux et ouvert à l'expérimentation de nouvelles technologies, de plateformes numériques et d'outils d'automatisation du marketing. Cette perspicacité technologique leur permet d'exploiter la perturbation numérique comme une opportunité plutôt que de la considérer comme un défi.

En discernant la dynamique du paysage marketing en évolution, ce chapitre jette les bases permettant au lecteur de comprendre le rôle expansif du CMO hautement performant. Les sections suivantes approfondiront les indicateurs importants, les voies nécessaires vers le succès et les stratégies qui génèrent des résultats pour le CMO hautement performant. En explorant les chapitres suivants, vous obtiendrez un aperçu de la feuille de route étape par étape qui vous permettra d'entreprendre le voyage du statut de CMO conventionnel à celui de CMO hautement performant.

II. Indicateurs essentiels pour les directeurs marketing

Comprendre vos indicateurs clés de performance (KPI)

Lorsqu'il plonge dans le monde du marketing, il est essentiel pour tout CMO (Chief Marketing Officer) de comprendre et de surveiller ses indicateurs clés de performance (KPI), car travailler à l'aveugle peut être contre-productif et préjudiciable à la croissance de votre entreprise. Ces mesures mettent en lumière l'efficacité de vos stratégies marketing, fournissant des informations inestimables sur ce qui fonctionne, ce qui ne fonctionne pas et sur la manière dont vous pouvez améliorer vos initiatives marketing pour atteindre les objectifs de votre entreprise.

Types de KPI pour un CMO

Il existe de nombreux KPI qu'une division marketing peut suivre. Il est donc crucial d'identifier ceux qui correspondent à vos objectifs commerciaux primordiaux. Voici quelques KPI populaires pris en compte par la plupart des CMO :

1. **Coût d'acquisition client (CAC)** : cet indicateur mesure le coût moyen d'acquisition d'un seul client grâce à vos efforts de marketing. Cela implique tous les coûts associés à la conversion de clients potentiels en clients payants.
2. **Taux de fidélisation des clients** : ce KPI calcule le taux auquel votre entreprise retient ses clients existants sur une période donnée.
3. **Retour sur investissement (ROI)** : cette mesure critique indique le gain financier que votre entreprise reçoit en échange de ses investissements marketing. Un retour sur investissement positif signifie des stratégies marketing réussies, tandis qu'un retour sur investissement négatif peut suggérer la nécessité d'un réalignement.
4. **Taux de conversion des prospects** : ce KPI révèle l'efficacité de vos campagnes marketing pour transformer les prospects en acheteurs.
5. **Trafic du site Web** : le trafic reçu par votre site Web peut divulguer une multitude d'informations sur l'engagement de votre public cible avec votre contenu en ligne.

Meilleures pratiques pour tirer parti des KPI

Une fois que vous avez identifié vos indicateurs clés, vous pouvez jeter les bases de votre stratégie marketing. Vous trouverez ci-dessous plusieurs bonnes pratiques pour les directeurs marketing qui exploitent leurs KPI :

- **Surveillez régulièrement** : le monde des affaires est en constante évolution, donc ce qui aurait pu fonctionner il y a un mois pourrait ne plus être pertinent aujourd'hui. Suivez régulièrement vos KPI pour rester pertinent et agile dans votre démarche.
- **Investissez dans l'analyse** : investissez dans des outils d'analyse basés sur l'IA qui fourniront des analyses approfondies en temps réel, vous permettant de prendre des décisions et des prévisions basées sur les données.
- **Tirer parti des informations** : les données fournissent des informations précieuses qui peuvent être exploitées pour optimiser vos tactiques actuelles et en développer de nouvelles.
- **Favorisez la transparence** : partagez vos KPI avec votre équipe ; une compréhension collective peut favoriser la collaboration et améliorer les performances.

Conclusion

Les KPI sont des outils précieux pour déterminer le succès de vos stratégies marketing et optimiser vos campagnes pour un impact maximal. Ils fournissent une feuille de route qui peut guider un CMO vers la réalisation de ses objectifs commerciaux. En tant que CMO performant, vous acclimater à ces indicateurs et les intégrer dans votre processus stratégique est une étape cruciale pour générer une croissance et une rentabilité durables pour votre entreprise. Ce faisant, vous vous assurerez que vos efforts de marketing ne sont pas seulement des conjectures, mais des initiatives ciblées guidées par des décisions fondées sur des données.

2.1 Comprendre le rôle crucial des indicateurs marketing clés

En tant que directeur marketing (CMO) hautement performant, il est crucial d'évaluer l'efficacité, la productivité et l'impact de vos efforts marketing. Cette responsabilité souligne l'importance des métriques marketing, agissant comme des valeurs mesurables définitives utilisées par les professionnels du marketing pour démontrer la progression (ou la régression) d'une campagne ou d'une stratégie par rapport à des objectifs clés spécifiques.

Le marketing moderne fonctionne sur un large éventail d'objectifs, de plates-formes et de stratégies, par conséquent, les mesures du succès vont bien au-delà des chiffres de base des revenus. Chaque campagne peut viser des objectifs variés : visibilité de la marque, génération de prospects, conversion des ventes, acquisition de clients, fidélisation de la clientèle ou encore fidélité à la marque. Par conséquent, il devient une nécessité, en tant que CMO, de comprendre la pertinence, l'implication et l'interprétation des mesures essentielles clés qui servent d'indicateurs de performance pivots.

2.1.1 Chiffre d'affaires

Le chiffre d'affaires est la mesure fondamentale pour chaque entreprise, dictant la santé, le potentiel de croissance et la performance globale de l'entreprise. Cependant, rechercher la visibilité et la compréhension de cette mesure par rapport aux initiatives marketing peut fournir des informations précieuses sur l'efficacité des stratégies marketing. En suivant les revenus des ventes par rapport aux activités marketing, un CMO peut identifier les tactiques et stratégies marketing qui contribuent à la croissance ou détecter celles qui sont sous-performantes ou provoquant des déclins.

2.1.2 Coût par prospect (CPL)

Le coût par prospect mesure la rentabilité de vos campagnes marketing lorsqu'il s'agit de générer de nouveaux prospects pour votre équipe commerciale. Un coût moyen par prospect inférieur est généralement le signe d'une stratégie marketing plus efficace, car elle vise à obtenir plus avec moins. Il est ici vital d'équilibrer la qualité des leads et les coûts. Le coût n'est pas toujours monétaire ; cela peut être mesuré en temps, en ressources ou en personnel.

2.1.3 Coût d'acquisition client (CAC)

Le coût d'acquisition client (CAC) est le coût associé pour convaincre un client potentiel d'acheter un produit/service. Il comprend les coûts consacrés à la recherche, au marketing, à l'accessibilité, etc., engagés pour acquérir un nouveau client. En tant que CMO, l'objectif est d'atteindre un CAC inférieur tout en maintenant une valeur à vie (LTV) élevée par client.

2.1.4 Valeur à vie du client (CLV)

La Customer Lifetime Value vous permet de prédire le bénéfice net attribué à l'ensemble de la relation future avec un client. Essentiellement, une valeur à vie client élevée représente un bon retour sur investissement pour les efforts d'acquisition de clients. Cela aide à déterminer combien une entreprise devrait dépenser pour acquérir des clients et comment conserver les clients existants.

2.1.5 Taux de conversion

Le suivi des taux de conversion, que ce soit du point de vue de la vente ou d'actions de conversion plus petites (comme remplir un formulaire, s'inscrire à une newsletter, etc.), donne un aperçu de l'efficacité de l'appel à l'action dans lieu. Un faible taux de conversion peut signaler un problème avec votre proposition de valeur ou indiquer que votre message atteint le mauvais public.

2.1.6 Mesures des médias sociaux

Mesures des médias sociaux - Nombre d'abonnés, likes, partages, commentaires, retweets, mentions, impressions, taux de clics - tous ces éléments sont des indicateurs clés de la performance de votre marque sur les médias sociaux. Ces chiffres fournissent des informations directes sur la portée, l'engagement et l'influence de votre marque.

2.1.7 Analyse Web

L'analyse Web est l'épine dorsale du marketing numérique. Des mesures telles que le trafic, le taux de rebond, les pages par visite, la durée moyenne de la session, la recherche organique, etc., offrent des informations essentielles sur le comportement des utilisateurs, les performances du site Web et l'efficacité du contenu.

En conclusion, les métriques sont la pierre angulaire de la prise de décision marketing. Sans mesures claires et mesurables, un directeur marketing peut prendre des décisions basées sur ses sentiments ou son intuition, ce qui peut conduire à des stratégies inefficaces, à un gaspillage de budget et à un potentiel commercial non réalisé. La compréhension de ces paramètres essentiels éclaire les

voies et les stratégies pour influencer et conduire à
l'amélioration des résultats et de la croissance de
l'entreprise.

Chapitre 1 : L'importance de définir et de mesurer des indicateurs clés

Dans le monde passionnant du marketing, un directeur
marketing (CMO) très performant sait à quel point il est
essentiel de suivre et d'évaluer les indicateurs clés pour
piloter efficacement les campagnes marketing et les
stratégies commerciales globales. Les métriques sont vitales
pour un CMO, elles permettent non seulement une
exécution réussie de la campagne, mais fournissent
également des informations précieuses pour définir les
stratégies futures, ajuster les budgets ou améliorer les
performances marketing globales.

1.1. Coût d'acquisition client (CAC)

Un point de départ pour tout CMO est de comprendre le coût
d'acquisition client, également connu sous le nom de CAC. Il
s'agit du coût total d'acquisition d'un nouveau client, y
compris tous les coûts associés aux ventes et au marketing,
divisé par le nombre total de nouveaux clients acquis au
cours de cette période particulière.

```
CAC = Coût des ventes et du marketing / Nombre de
nouveaux clients acquis
```

Un CAC accru signifie que vous dépensez davantage pour
acquérir de nouveaux clients, ce qui peut avoir un impact
négatif sur la rentabilité de votre entreprise à long terme. Le
suivi de cette métrique peut vous aider à concevoir des
stratégies marketing plus intelligentes et plus rentables.

1.2. Valeur à vie (LTV)

Contrairement au CAC, la valeur à vie (LTV) d'un client est le revenu total qu'une entreprise peut raisonnablement attendre d'un seul compte client. Il prend en compte la valeur des revenus d'un client et compare ce chiffre à la durée de vie prévue du client par l'entreprise.

```
LTV = (Valeur d'achat moyenne x Fréquence d'achat
moyenne) x Durée de vie moyenne du client
```

Les entreprises visent souvent à atteindre un LTV plus élevé pour mettre l'accent sur la fidélisation de la clientèle. Les directeurs marketing les plus performants comprennent que l'augmentation du LTV ouvre la voie à la performance et au succès de l'entreprise à long terme.

1.3. ROI des campagnes marketing

Le ROI (Retour sur Investissement) de vos campagnes marketing est un incontournable absolu. Un retour sur investissement positif signifie que votre stratégie fonctionne, et un retour sur investissement négatif signifie qu'il est temps de revoir votre tableau de planification.

```
ROI = (Bénéfice net / Coût de l'investissement) x
100 %
```

Outre les mesures financières, la manière dont vos campagnes atteignent et convertissent le public cible est également importante.

1.4. Taux de conversion

Le taux de conversion est une mesure essentielle pour les entreprises de toutes tailles. Que la « conversion » soit définie comme un achat, un clic sur un lien ou une inscription à une newsletter, comprendre combien de membres de votre audience effectuent une action souhaitée peut vous aider à déterminer le succès de votre stratégie marketing à un niveau micro. .

```
Taux de conversion = (Nombre de conversions / Nombre
total de visiteurs) x 100 %
```

1.5. Notoriété de la marque

La mesure de la notoriété de la marque peut inclure des approches quantitatives (enquêtes) et qualitatives (groupes de discussion). Les paysages du marketing numérique ont facilité la mesure de la notoriété de la marque grâce au nombre d'abonnés, aux impressions, aux mentions, aux partages et aux likes sur les réseaux sociaux.

Les mesures ci-dessus ne sont pas exhaustives et le niveau d'importance qu'une entreprise accorde à chacune dépendra largement de ses objectifs stratégiques. Cependant, ces mesures fournissent un point de départ aux directeurs marketing pour exploiter les données et les informations afin de stimuler le succès marketing.

Pour consolider ces stratégies, les directeurs marketing hautement performants adoptent des voies et des stratégies axées sur les données pour s'assurer que leurs décisions sont étayées par des données solides et fiables. Ils comprennent que pour rester compétitifs, il est crucial d'apprendre, de s'adapter et d'innover en permanence. Les métriques sont, après tout, la lampe de poche qui éclaire le chemin menant à l'objectif ultime de création de valeur pour le client et l'organisation.

Regarder vers l'avant

Dans le chapitre suivant, nous approfondirons les voies et stratégies spécifiques que les directeurs marketing performants peuvent adopter pour faire passer leurs performances au niveau supérieur en tirant parti de ces informations issues de mesures clés.

Indicateurs clés de performance (KPI) pour les CMO

Dans cette ère numérique de plus en plus axée sur les données, les CMO doivent suivre et optimiser les bons indicateurs de performance clés (KPI). Non seulement ces mesures doivent s'aligner sur vos objectifs marketing, mais elles doivent également s'aligner étroitement sur les objectifs généraux de votre entreprise. Voici des KPI cruciaux que chaque CMO performant devrait internaliser et intégrer dans son processus de prise de décision stratégique.

1. Retour sur investissement (ROI)

Tous les chemins mènent au retour sur investissement. Qu'il s'agisse d'une campagne de plusieurs millions de dollars ou d'une petite campagne sur les réseaux sociaux, il est primordial de comprendre combien vous obtenez de vos efforts. Le retour sur investissement peut être calculé en soustrayant le coût de l'investissement des gains de l'investissement, puis en le divisant par le coût de l'investissement.

2. Coût d'acquisition client (CAC)

Cet indicateur mesure combien il en coûte à votre entreprise pour acquérir un nouveau client. Il s'agit d'additionner tous les coûts dépensés pour convertir un prospect et de le diviser par le nombre total de conversions. Un CAC élevé peut indiquer des inefficacités dans vos processus de marketing ou de vente, vous aidant à les identifier et à les corriger.

3. Valeur vie client (CLV)

D'un autre côté du CAC, comprendre la valeur à vie d'un client vous permet de déterminer le montant des revenus qu'un client peut apporter à votre entreprise sur une période définie. Ces informations peuvent être essentielles pour la budgétisation et pour prévoir la croissance future.

4. Taux de conversion de l'entonnoir de vente

Une compréhension approfondie de la manière dont les leads évoluent dans votre entonnoir de vente est essentielle. Chaque étape (conscience, considération, décision) a son propre taux de conversion : le pourcentage de personnes qui passent à l'étape suivante. En suivant ces taux, vous pouvez savoir où votre entonnoir est le plus puissant ou où il doit être amélioré.

5. Mesures d'altitude

Ces indicateurs, tels que le capital de marque et l'engagement client, sont plus difficiles à mesurer, mais tout aussi importants. Ces mesures offrent une vue plus large de la santé de l'entreprise, évaluant sa visibilité, sa réputation et son niveau d'interaction avec les clients.

6. Score net de promoteur (NPS)

Cette mesure de fidélité client évalue la volonté des clients de recommander votre entreprise à d'autres. Il peut indiquer la satisfaction des clients et donne un aperçu de leur fidélité et de leur potentiel de croissance.

N'oubliez pas que les métriques ne doivent pas se limiter à des chiffres. Il s'agit de raconter une histoire qui soutiendra la prise de décision et la croissance de l'entreprise. Bien qu'il ne s'agisse en aucun cas d'une liste exhaustive, elle fournit un point de départ à partir duquel chaque directeur marketing peut développer une liste personnalisée de KPI, qui reflète ses objectifs uniques, son contexte commercial et les conditions du secteur.

En utilisant stratégiquement ces indicateurs, les directeurs marketing peuvent tirer des informations et des liens significatifs, leur permettant ainsi de faire avancer leur entreprise avec confiance et précision. En tant que CMO performant, il vous incombe de vivre selon le dicton : "Si vous pouvez le mesurer, vous pouvez le gérer".

Sous-section : Comprendre la valeur et l'impact des indicateurs marketing de base

Dans toute fonction commerciale, la mesure est la clé de l'amélioration et le marketing ne fait pas exception à cette règle. En tant que CMO, comprendre l'importance et l'impact des indicateurs marketing de base guidera fondamentalement votre processus de prise de décision, façonnera vos stratégies et, en fin de compte, déterminera le succès de vos efforts marketing.

1. Coût d'acquisition client (CAC)

La première mesure que tout CMO devrait comprendre est le coût d'acquisition client (CAC). Il s'agit du coût total d'acquisition d'un nouveau client, y compris tous les aspects du marketing et des ventes. Pour calculer le CAC, vous divisez le montant total dépensé en acquisition par le nombre de nouveaux clients acquis au cours de la période pendant laquelle l'argent a été dépensé. Cette mesure peut fournir des informations sur l'efficacité de vos initiatives marketing, ainsi qu'éclairer la stratégie budgétaire et les décisions d'allocation.

2. Taux de conversion

Il s'agit d'une autre mesure vitale pour chaque CMO. Le taux de conversion mesure la proportion de visiteurs qui effectuent une action souhaitée sur votre site ou grâce à vos efforts de marketing. Cela peut être n'importe quoi, qu'il s'agisse d'effectuer un achat, de s'inscrire à un service ou même de télécharger une ressource. Garder un œil sur votre taux de conversion permet d'évaluer l'efficacité de votre contenu, de vos appels à l'action et de l'expérience utilisateur.

3. Retour sur investissement (ROI)

Le retour sur investissement est une mesure cruciale qui mesure l'efficacité et la rentabilité d'un investissement. Cela permet à un directeur marketing de comprendre quelles stratégies, campagnes ou activités se traduisent par des résultats lucratifs pour l'entreprise. Le but du marketing est de susciter l'action des clients et d'augmenter les revenus, et le retour sur investissement agit comme une mesure directe de ce résultat.

4. Valeur à vie (LTV)

LTV mesure la valeur financière d'un client tout au long de sa relation avec votre entreprise. Essentiellement, il calcule le montant des revenus que vous pouvez vous attendre à ce qu'un client génère au cours de sa relation avec votre entreprise. Un LTV élevé est une indication d'une acquisition de qualité et de bons efforts de fidélisation de la clientèle. Le LTV est souvent associé au CAC pour mesurer et évaluer la longévité et la rentabilité des relations clients.

5. Notoriété de la marque

Bien que plus difficile à mesurer quantitativement, la notoriété de la marque est une mesure puissante pour tout directeur marketing. Cette métrique vous permet d'évaluer la reconnaissance de votre marque auprès de votre public cible. Cette notoriété peut être mesurée au moyen d'enquêtes, en analysant le trafic d'un site Web ou en évaluant la portée des médias sociaux. La notoriété de votre marque vous informe non seulement de votre présence actuelle sur le marché, mais vous fournit également des informations sur votre croissance potentielle.

6. Score net de promoteur (NPS)

Le NPS agit comme une mesure de la satisfaction et de la fidélité des clients. Il est calculé en demandant aux clients quelle est leur probabilité, sur une échelle de 0 à 10, de recommander vos produits ou services à d'autres. Cette mesure peut fournir des informations inestimables sur la satisfaction et les commentaires des clients, vous aidant à comprendre ce qui motive la fidélité de vos clients et comment s'améliorer dans les domaines où cela peut faire défaut.

7. Mesures des médias sociaux

À l'ère du marketing numérique, il est essentiel pour un directeur marketing de surveiller les indicateurs des médias sociaux tels que le nombre de followers, le taux d'engagement et la part de voix. Ces mesures fournissent des informations sur la présence en ligne de votre marque, l'engagement du public et l'efficacité globale de la stratégie numérique.

Le rôle d'un CMO va bien au-delà de l'extinction des incendies et du développement de stratégies innovantes - il nécessite une vérification constante du pouls sur un large éventail de mesures. Ces mesures, associées à une compréhension des objectifs commerciaux plus larges, constituent la boussole qui guide la stratégie marketing et alimente la croissance. En suivant, analysant et itérant sur ces mesures, vous pouvez orienter votre équipe marketing et l'entreprise vers un succès durable.

En fin de compte, le CMO hautement performant n'est pas seulement un maître de la créativité et de la stratégie, mais aussi un analyste avisé et un expert de l'industrie avec une compréhension approfondie de la façon d'exploiter les données pour favoriser le succès. Comprendre la valeur et l'impact des indicateurs marketing de base est une partie cruciale de ce parcours.

III. Comprendre les indicateurs clés de performance (KPI)

Comprendre les indicateurs clés de performance (KPI)

Sous-section : Tirer parti des KPI pour façonner le succès du CMO

En tant que Chief Marketing Officer (CMO) moderne, il est essentiel de comprendre la valeur significative des indicateurs de performance clés (KPI). Les KPI offrent des mesures quantitatives de progrès et sont des outils inestimables dans les processus de prise de décision stratégique. Ils permettent aux CMO d'évaluer l'efficacité de leurs stratégies et campagnes, tout en exposant les opportunités d'amélioration.

Pour devenir un CMO performant, il est crucial de bien comprendre quels indicateurs surveiller et comment ils interagissent. Cette connaissance constituera le fondement d'une prise de décision judicieuse et orientera les efforts de marketing de l'organisation sur la voie d'une croissance et d'une amélioration constantes.

Dévoilement des KPI : plus que de simples indicateurs

Les KPI sont-ils de simples valeurs numériques qui mesurent les tendances dans le temps ? Pour les non-initiés, ils peuvent sembler être juste un tas de statistiques. Cependant, pour un CMO performant, les KPI sont bien plus : ils racontent une histoire de succès ou d'échec, d'initiative ou de stagnation, de croissance ou de déclin. Ils fournissent des informations approfondies sur le comportement des consommateurs, les tendances du marché, l'allocation des ressources, le retour sur investissement et, en fin de compte, les performances globales de vos campagnes marketing.

Appliquer des KPI : choisir les bons indicateurs

Définir les bons KPI est un art en soi. Bien qu'il soit tentant de suivre chaque métrique, la clé réside dans l'identification de celles qui correspondent à l'objectif, aux objectifs et à la vision de l'entreprise. Les directeurs marketing les plus performants sélectionnent des KPI qui correspondent à leurs objectifs organisationnels, contribuant ainsi à des stratégies marketing plus ciblées, à un ciblage efficace et à de meilleurs résultats.

La sélection correcte des KPI dépend de facteurs tels que le modèle commercial, le public cible, le paysage concurrentiel et les objectifs marketing spécifiques. Il n'existe donc pas d'approche universelle. Par exemple, alors qu'une entreprise de commerce électronique peut se concentrer davantage sur des taux de conversion spécifiques, une entreprise B2B peut donner la priorité aux ratios de qualification des prospects.

Suivi et analyse des KPI : vers une amélioration continue

Après avoir défini les bons KPI, même un CMO performant doit assurer un suivi régulier et une analyse rigoureuse. On ne soulignera jamais assez l'importance d'un suivi fréquent - il vous permet d'identifier rapidement ce qui fonctionne et ce qui ne fonctionne pas, permettant ainsi une action rapide en cas de sous-performance ou d'intensification des initiatives réussies.

Mais la simple collecte de données ne suffit pas ; vous devez également le transformer en idées et en actions. Des techniques d'analyse sophistiquées sont donc essentielles. Associées aux bonnes méthodologies, celles-ci peuvent transformer les données brutes en stratégies puissantes et exploitables. Parallèlement, en reconnaissant les modèles et en décodant les tendances, une stratégie centrée sur le laser et axée sur les données peut être élaborée, conduisant à une meilleure prise de décision et à des résultats marketing supérieurs.

L'analyse prédictive est un outil puissant à la disposition des CMO performants. En prévoyant les tendances et les comportements futurs sur la base de données KPI historiques, l'analyse prédictive peut permettre une allocation plus efficace des ressources marketing, un développement de stratégie proactive et une meilleure performance des campagnes.

L'avenir des indicateurs de performance clés : une évolution vers des indicateurs centrés sur le client

À mesure que le paysage marketing continue d'évoluer, la nature des KPI évolue également. L'avènement du marketing numérique a entraîné une évolution significative vers des indicateurs centrés sur le client. Les KPI tels que la valeur à vie du client (CLV), le score net du promoteur (NPS), le coût d'acquisition client (CAC) et les scores de satisfaction client sont plus révélateurs de l'efficacité de vos efforts marketing, car ils se concentrent sur les expériences client et leur relation avec votre marque.

En conclusion, comprendre et exploiter efficacement les KPI peut changer la donne. En tant que CMO performant, la maîtrise de cette compétence est essentielle pour naviguer avec succès dans le paysage marketing en constante évolution. Armés du bon ensemble d'indicateurs de performance clés, de compétences analytiques et de mandats centrés sur le client, les directeurs marketing sont mieux préparés à stimuler la croissance, à élaborer des stratégies efficaces et, en fin de compte, à élever leurs activités vers de nouveaux sommets. La clé réside toujours dans les chiffres - une fois que vous savez où chercher.

3.1 L'importance des KPI dans la mesure de la performance marketing

Dans un paysage commercial en constante évolution, le rôle d'un CMO s'est transformé au-delà de la gestion de marque et des promotions. Sans aucun doute, cela exige désormais une approche calculatrice et basée sur les données, dans laquelle la prise de décisions stratégiques fondées sur des preuves empiriques fait partie intégrante. C'est principalement pourquoi la compréhension des indicateurs clés de performance (KPI) est essentielle pour tout CMO performant.

Les KPI peuvent être définis comme des valeurs mesurables utilisées pour évaluer le succès ou le niveau de performance d'une organisation par rapport aux objectifs commerciaux clés. Ils fournissent un moyen quantifiable d'évaluer l'efficacité d'une stratégie ou d'une action donnée afin de décider et de façonner les résultats commerciaux souhaités. Pour un CMO, ils offrent des informations précieuses sur les préférences des clients, les actions des concurrents, les tendances du marché ou les performances des campagnes, facilitant ainsi une prise de décision éclairée.

3.1.1 KPI de base pour les CMO

Il existe de nombreux indicateurs clés de performance qu'un CMO peut prendre en compte, mais certains se démarquent en tant que mesures essentielles en raison de leur impact direct sur l'élaboration des efforts marketing d'une entreprise :

- **Coût d'acquisition client (CAC) :** Il mesure les dépenses totales engagées pour acquérir un nouveau client, évaluant ainsi le prix de transformation d'un prospect potentiel en client. Un CAC inférieur indique un marketing efficace et un cycle de vie client plus sain.
- **Valeur à vie du client (CLV) :** la CLV prédit le bénéfice net généré par l'ensemble d'une relation future avec un client. Une CLV élevée montre la

fidélité et peut conduire à l'acquisition de clients organiques grâce à un bouche-à-oreille positif.

- **Retour sur investissement marketing (ROMI)** : ce KPI mesure l'efficacité des dépenses marketing en comparant les gains de valeur financière supplémentaires au montant dépensé pour les initiatives marketing.
- **Capital de marque** : bien que de nature plus qualitative, il est crucial de mesurer les valeurs de la marque dans l'esprit des clients. Ce KPI pourrait en outre contribuer à influencer le comportement des consommateurs, à améliorer la reconnaissance et à créer des ambassadeurs de la marque.
- **Marketing Qualified Leads (MQL)** : les MQL sont des clients potentiels qui ont montré un degré significatif d'engagement ou d'intérêt, mais qui n'ont pas encore été encouragés pour la conversion. Un nombre plus élevé de MQL signifie des efforts marketing efficaces de haut niveau.

3.1.2 Établir des KPI pertinents

Bien qu'il existe une multitude de KPI disponibles, il est important de choisir ceux qui correspondent aux objectifs à court et à long terme de l'entreprise. Ce processus de sélection peut varier en fonction du secteur d'activité, du public cible et des offres de produits d'une entreprise.

Il est également crucial de s'assurer que les KPI sont tangibles, pratiques et faciles à mesurer. Par exemple, des objectifs nébuleux comme « accroître la notoriété de la marque » peuvent être convertis en objectifs mesurables tels que « augmenter le trafic sur le site Web de x % », qui peuvent être surveillés et ajustés si nécessaire.

3.1.3 Utilisation des KPI pour les décisions marketing stratégiques

Les KPI servent de guide pour prendre des décisions marketing stratégiques. En analysant les tendances et les modèles dans les données, les CMO peuvent :

- Effectuez les ajustements nécessaires en temps réel pour optimiser une campagne.
- Prévoyez les performances futures et apportez des modifications proactives.
- Identifiez des stratégies efficaces et réutilisez-les ou modifiez-les pour les campagnes ultérieures.
- Mesurez le retour sur investissement des différents outils et canaux marketing, en réaffectant potentiellement les budgets dans les domaines les plus rentables.

3.1.4 Rétrospection et amélioration continue

Pour s'améliorer et évoluer en permanence, il est vital pour un CMO de revoir régulièrement les KPI sélectionnés. Ce processus permet d'évaluer si les KPI actuels sont toujours pertinents et apportent des informations précieuses ou s'ils doivent être remplacés par d'autres qui correspondent mieux aux priorités actuelles. L'examen des KPI doit être un processus itératif dans lequel les résultats sont évalués par rapport aux objectifs, les apprentissages sont engagés et les stratégies sont révisées ou évoluées selon les besoins.

En conclusion, comprendre et utiliser efficacement les KPI peut ouvrir de nouvelles voies aux CMO pour innover, élaborer des stratégies et amplifier l'impact de leurs politiques marketing. Cette compréhension aide non seulement à façonner les stratégies marketing actuelles, mais ouvre également des opportunités pour prévoir l'avenir du marketing, en effet une clé pour devenir un CMO performant.

A. Introduction aux indicateurs clés de performance (KPI)

En tant que Chief Marketing Officer (CMO) hautement performant, il est essentiel de comprendre les indicateurs de performance clés (KPI) pour mesurer, suivre et modifier efficacement vos stratégies marketing. Les KPI sont des mesures quantifiables qui reflètent la performance d'une organisation par rapport à ses objectifs stratégiques. Ils fournissent une représentation claire et concise de l'état actuel de l'organisation et un aperçu direct de la réalisation des objectifs.

Pour commencer, vous devez avoir une compréhension globale de vos objectifs commerciaux et de la manière dont des KPI spécifiques peuvent évaluer les progrès vers ces objectifs. Cela implique de traduire les objectifs commerciaux en résultats mesurables. N'oubliez pas qu'un KPI utile doit bien résonner avec les objectifs de l'organisation et être essentiel à son succès.

B. L'importance des KPI pour un CMO

Les KPI servent essentiellement de boussole au CMO, guidant les efforts de marketing et garantissant que chaque étape prise s'aligne sur la vision globale de l'entreprise. Ils:

1. Fournir des preuves objectives des progrès vers les objectifs commerciaux.
2. Aidez à identifier les domaines qui doivent être améliorés.

3. Favorisez la responsabilisation des membres de l'équipe en fournissant une vue des performances basée sur des métriques.
4. Faciliter les informations exploitables et la prise de décision.
5. Permettre au directeur marketing de rapporter les données de performance aux autres parties prenantes de l'organisation, en particulier le PDG et le directeur financier.

C. Types de KPI que tout directeur marketing devrait connaître

1. Chiffre d'affaires

Sans doute l'un des KPI les plus critiques, cela montre combien de revenus les campagnes marketing rapportent directement. Le suivi de ce KPI peut aider à illustrer l'efficacité de vos stratégies marketing et montrer où des ajustements pourraient être nécessaires.

2. Coût d'acquisition client (CAC)

Il s'agit du coût associé au fait de convaincre un client potentiel d'acheter un produit/service. Le CAC est intimement lié au retour sur investissement et peut en dire long à un CMO sur les forces et les faiblesses de ses campagnes marketing.

3. Génération de leads

Ce KPI donne une idée du nombre de clients potentiels (prospects) que les efforts marketing attirent. Le suivi des prospects peut fournir des informations sur les campagnes marketing les plus efficaces pour susciter l'intérêt.

4. Taux de conversion

Le taux de conversion est un KPI qui mesure le pourcentage de prospects qui effectuent une action souhaitée (comme effectuer un achat). Le suivi du taux de conversion peut aider à identifier les lacunes dans l'entonnoir marketing et conduire à des améliorations des stratégies marketing.

5. Valeur à vie du client (CLV)

Ce KPI évalue le bénéfice net que l'entreprise réalise pour un client donné. Cela aide le directeur marketing à comprendre s'il cible et acquiert les bons clients. Cette mesure permet de justifier les investissements dans les programmes d'acquisition et de fidélisation de la clientèle.

6. Mesures des médias sociaux

Dans le paysage marketing moderne, la performance des médias sociaux est cruciale. Les KPI à surveiller ici peuvent inclure la portée, les impressions, la croissance des abonnés, l'engagement et le trafic de référence vers votre site Web.

D. Mise en œuvre des KPI

La mise en œuvre efficace des KPI nécessite une approche systématique :

1. **Identifiez les buts et les objectifs** : Il est primordial d'identifier ce que vous aspirez à réaliser grâce aux initiatives de marketing, car cela guidera les KPI sélectionnés.
2. **Développer des KPI :** une fois les objectifs commerciaux définis, vous devez en dériver des KPI mesurables qui correspondent à ces objectifs.

3. **Mesurer les KPI :** la mesure des KPI doit être précise, cohérente et les données obtenues doivent être fiables.
4. **Examiner et affiner :** les KPI doivent être continuellement examinés et affinés pour vérifier leur pertinence par rapport à l'évolution des objectifs commerciaux et des tendances du secteur. Une réévaluation périodique facilite le processus d'évaluation et rend la réalisation des objectifs commerciaux une tâche plus gérable.

N'oubliez pas que les KPI ne sont pas une notion « définissez-le et oubliez-le ». Des mesures et des ajustements continus sont nécessaires pour s'adapter à la dynamique marketing en constante évolution.

Pour résumer, en tant que CMO performant, la création et la mise en œuvre d'un ensemble solide de KPI sont non seulement essentielles mais essentielles à la mission. Ces valeurs numériques vous offriront un aperçu des stratégies marketing en cours et de la manière dont elles s'alignent sur les objectifs commerciaux. En suivant et en analysant constamment ces indicateurs de performance clés, non seulement vous quantifiez les performances, mais vous découvrez également les domaines dans lesquels les stratégies peuvent être modifiées pour mieux servir, garantissant ainsi une plus grande efficacité et un succès continu de votre organisation.

3.1 Identifier et utiliser les KPI pertinents

L'une des principales responsabilités du directeur du marketing (CMO) hautement performant est d'identifier, de mesurer et de surveiller les indicateurs de performance clés (KPI) pertinents pour les objectifs marketing spécifiques de leur entreprise. L'utilisation efficace des KPI permet au directeur marketing de suivre le succès et la portée de ses initiatives marketing, d'évaluer l'efficacité des stratégies marketing et de prendre des décisions éclairées pour l'orientation marketing future de l'entreprise.

Que sont les indicateurs clés de performance (KPI) ?

Dans un contexte commercial, les indicateurs clés de performance (KPI) sont des mesures quantifiables définies pour évaluer la performance d'une activité spécifique au sein d'une entreprise sur une période spécifique. Ils fournissent des preuves basées sur des données de la manière dont une entreprise atteint ses objectifs commerciaux clés. Pour les directeurs marketing, les KPI choisis tournent souvent autour des objectifs marketing de l'entreprise tels que la croissance des revenus, l'expansion des parts de marché, l'engagement des consommateurs ou la notoriété de la marque.

Sélectionner vos KPI : une approche à deux volets

La sélection des KPI appropriés nécessite une compréhension claire du modèle opérationnel de votre entreprise, du public cible, de la stratégie marketing et, plus important encore, de ses objectifs commerciaux primordiaux. Il y a deux aspects clés à considérer lors du choix de vos KPI.

- **Alignement avec les objectifs commerciaux** : vos KPI doivent refléter vos objectifs commerciaux. Si votre objectif est d'accroître la notoriété de la marque, par exemple, vos KPI peuvent inclure des mesures telles que les taux de rappel de la marque, l'engagement sur les réseaux sociaux et le trafic sur le site Web.

- **Analyse comparative de l'industrie** : les analyses comparatives de l'industrie fournissent un baromètre pour mesurer les performances de votre entreprise par rapport à ses pairs. En comparant vos KPI aux normes de l'industrie, vous pouvez comprendre où se situe votre entreprise dans le paysage concurrentiel.

Comprendre et mettre en œuvre des KPI pertinents pour votre entreprise

Bien qu'il existe une myriade d'indicateurs de performance clés à la disposition d'un directeur marketing, tous ne sont peut-être pas pertinents pour votre entreprise. Les plus importants pourraient inclure :

- **Chiffre d'affaires** : cette mesure les ventes nettes générées par les activités de marketing. Un KPI de chiffre d'affaires faible pourrait signaler des stratégies marketing inefficaces ou des problèmes entraînant une faible conversion des consommateurs.
- **Coût par prospect (CPL)** : le CPL est une mesure financière du coût encouru pour chaque nouveau prospect généré. Il évalue la rentabilité des campagnes marketing et est particulièrement pertinent pour les entreprises qui se concentrent sur des stratégies de marketing numérique.
- **Coût d'Acquisition Client (CAC)** : Calculé en divisant le coût total d'acquisition de nouveaux clients (dépenses marketing) par le nombre de nouveaux clients acquis sur la même période. Il s'agit d'une mesure essentielle pour comprendre l'efficacité financière de vos efforts marketing.
- **Retour sur investissement marketing (ROMI)** : ROMI illustre l'efficacité de la stratégie marketing en calculant le montant des revenus générés pour chaque dollar dépensé en marketing.

- **Customer Lifetime Value (CLV)** : La CLV prédit le bénéfice net attribué à l'ensemble de la relation future avec un client. Il aide les services marketing à allouer des ressources aux segments de clientèle les plus rentables.

Surveillance et ajustement continus des KPI

Une fois les KPI pertinents établis, le travail du CMO ne s'arrête pas. Il est essentiel de surveiller en permanence ces mesures. Les changements dans l'industrie, les tendances du marché ou les objectifs commerciaux internes peuvent nécessiter un ajustement des KPI choisis. En effet, la capacité à adapter les KPI pour refléter les nouvelles réalités est la marque d'un CMO performant.

En conclusion, la sélection, l'utilisation et le suivi régulier du bon ensemble de KPI sont essentiels à l'exécution de stratégies marketing réussies. Par conséquent, la compréhension des KPI doit être considérée comme un élément clé de l'ensemble d'outils de tout CMO visant à diriger avec impact et à faire avancer son organisation.

A. Définir des indicateurs de performance clés pour les CMO

Dans le domaine du marketing, les indicateurs de performance clés (KPI) sont un instrument indispensable qui peut suivre, mesurer et évaluer le succès de vos activités marketing. Les KPI sont des mesures quantifiables qui montrent si une entreprise atteint ses objectifs stratégiques et opérationnels.

En tant que directeur du marketing (CMO), vous êtes chargé du rôle principal de formuler et d'exécuter des stratégies de marketing pour accroître la notoriété de la marque, la part de marché et, finalement, les revenus de l'entreprise. Pour mesurer avec précision les progrès vers ces objectifs, vous devez établir des KPI soigneusement choisis et les suivre régulièrement.

1. Pourquoi les KPI sont importants dans le rôle du directeur marketing

Les KPI prennent le subjectif et le rendent objectif. Ils offrent au CMO un moyen clair et mesurable de démontrer la contribution du service marketing au succès global de l'entreprise. En suivant ces indicateurs, en tant que CMO, vous pouvez :

- Identifiez les zones d'inefficacité ou de mauvaise performance.
- Prenez des décisions basées sur les données et affinez les stratégies pour améliorer les performances.
- Démontrer l'impact des investissements marketing sur les résultats commerciaux.
- Justifier les allocations budgétaires en fonction des résultats démontrés des activités de marketing.
- Favorisez une culture d'amélioration continue au sein de votre équipe marketing.

2. Identifier les bons KPI pour le CMO

Choisir des KPI efficaces peut être une tâche ardue. Vous devez sélectionner des KPI qui correspondent aux objectifs de votre organisation, ceux qui peuvent être des mesures précises du succès marketing. Bien que les KPI spécifiques puissent varier selon l'industrie, voici quelques KPI courants pertinents pour un CMO :

- **Coût d'acquisition client (CAC)** : coût d'acquisition d'un nouveau client, compte tenu de tous les coûts associés au marketing et aux ventes.
- **Valeur à vie du client (CLV)** : les revenus projetés qu'un client générera au cours de sa vie.
- **Retour sur investissement marketing (ROMI)** : l'efficacité des dépenses marketing pour générer de nouvelles ventes.
- **Génération de leads : **Le nombre de leads qualifiés générés par les activités marketing.
- **Part de marché** : partie d'un marché contrôlée par l'entreprise.
- **Notoriété** et perception de la marque : dans quelle mesure les personnes de votre marché comprennent et perçoivent votre marque.

3. Suivi et analyse des KPI

Il ne suffit pas d'identifier simplement vos KPI : vous avez également besoin de systèmes robustes pour les suivre et les analyser. Tout d'abord, assurez-vous que vous disposez d'un système d'information de gestion (SIG) approprié pour suivre ces points de données. Deuxièmement, en tant que CMO, vous devez périodiquement examiner ces indicateurs clés, analyser les tendances et ajuster vos stratégies en conséquence.

Les technologies numériques et d'analyse ont rendu plus facile que jamais le suivi précis de ces mesures. Des plateformes telles que Google Analytics, Tableau et HubSpot vous permettent de suivre vos mesures marketing en temps réel et de fournir des rapports détaillés qui peuvent vous aider à éclairer votre prise de décision stratégique.

4. Aligner les KPI sur les objectifs organisationnels

Enfin, il est essentiel de s'assurer que vos KPI marketing sont étroitement alignés sur les objectifs commerciaux globaux. En d'autres termes, le succès de l'équipe marketing doit être égal au succès de l'entreprise.

Pour aligner les KPI sur des objectifs commerciaux plus larges, prenez le temps de communiquer régulièrement avec d'autres dirigeants et votre équipe marketing, en vous assurant que chacun comprend l'orientation de l'organisation, comment le marketing y contribue et comment le succès sera mesuré.

En comprenant et en utilisant efficacement les KPI, vous deviendrez un CMO plus performant et axé sur les résultats. N'oubliez pas qu'un objectif sans mesure n'est qu'un souhait, et les KPI sont le moyen d'un CMO de transformer les rêves marketing en réalité basée sur les données. Votre compréhension approfondie des KPI guidera non seulement votre service vers le succès, mais elle pourra également vous positionner en tant qu'acteur essentiel au sein de la direction de votre organisation.

IV. Créer des voies stratégiques

Aligner les mouvements marketing sur les objectifs commerciaux

Pour devenir un CMO performant, il est impératif de construire des voies stratégiques qui alignent les initiatives marketing sur les objectifs commerciaux. Cette connexion peut garantir que vos efforts de marketing contribuent directement à la rentabilité de l'entreprise, renforcent la réputation de la marque et accélèrent la croissance.

Comprendre les objectifs commerciaux

Avant de créer des voies stratégiques, assurez-vous de bien comprendre les objectifs commerciaux que votre organisation vise à atteindre. Les objectifs peuvent aller de l'augmentation de la part de marché de l'entreprise à la pénétration de nouveaux marchés, en passant par l'augmentation des ventes ou l'amélioration de la satisfaction des clients. Collectivement, ces objectifs définissent l'orientation de l'organisation et fournissent le point de référence pour mesurer le succès des voies stratégiques établies.

Identification des indicateurs clés de performance (KPI)

Tout directeur marketing performant est conscient de l'importance de définir et de suivre les bons KPI. Vos KPI doivent refléter les objectifs commerciaux de l'organisation et fournir des preuves quantitatives de l'efficacité des stratégies marketing. Par exemple, si l'objectif de l'entreprise est de pénétrer un nouveau segment de marché, le KPI peut être le nombre de nouveaux clients acquis dans ce segment. Par conséquent, les KPI permettent une analyse détaillée de la productivité des campagnes et aident à prendre des décisions basées sur les données.

Élaborer des stratégies de marketing

Une fois les objectifs commerciaux et les KPI en place, le moment est venu de concevoir des stratégies de marketing tactiques. Ces stratégies doivent servir les objectifs commerciaux et générer les résultats souhaités. Une stratégie mal conçue, aussi engageante soit-elle, perdra de sa valeur si elle ne correspond pas aux buts et objectifs de l'entreprise.

Suivi de l'exécution et des performances

Après avoir soigneusement conçu vos stratégies marketing, leur mise en œuvre est la prochaine étape cruciale. Un CMO performant sait que la phase d'exécution est aussi critique que la phase de planification. De plus, il est nécessaire de surveiller et de suivre régulièrement les performances de vos stratégies, en faisant des ajustements si nécessaire. Gardez toujours vos plans suffisamment flexibles pour vous adapter à l'évolution du paysage marketing.

Exploiter les forces et remédier aux faiblesses

Une clé pour créer des voies stratégiques est de tirer parti efficacement des forces de votre organisation et de remédier sans relâche à ses faiblesses. Assurez-vous de capitaliser sur les propositions de vente uniques (USP) de votre entreprise, tout en traitant simultanément les domaines d'amélioration. Cette approche vous permet non seulement de rester proactif face aux défis, mais vous donne également un avantage concurrentiel substantiel.

Collaboration et communication

Enfin, ne sous-estimez jamais le pouvoir de la collaboration et de la communication. Travailler en étroite collaboration avec d'autres départements et s'assurer que tout le monde comprend les stratégies marketing peut favoriser un environnement propice au succès. Un CMO performant valorise les efforts de l'équipe et se rend compte que les objectifs commerciaux ne peuvent être atteints que lorsque tout le monde travaille efficacement ensemble.

Pour récapituler, la création de voies stratégiques n'est pas une tâche ponctuelle, mais un processus continu. En tant que CMO, vous devez rester agile et prêt à recalibrer vos stratégies en fonction de l'environnement d'affaires. N'oubliez pas que l'objectif est d'ajouter de la valeur à l'organisation et de prouver la valeur de vos initiatives de marketing pour stimuler la croissance de l'entreprise.

IV. Créer des voies stratégiques

IV.A. Découvrir les voies potentielles

Les voies stratégiques sont cruciales pour améliorer les performances marketing d'une organisation. Ils constituent l'éventail d'options qu'une organisation peut utiliser pour atteindre ses objectifs marketing stratégiques. Un CMO (Chief Marketing Officer) performant doit savoir identifier, évaluer et exploiter les possibilités offertes par les parcours potentiels.

Étape 1 : Analyse de la situation

Avant d'identifier des voies stratégiques, il est nécessaire de bien comprendre votre situation actuelle. Cela implique d'analyser des éléments connus tels que les tendances actuelles du marché, vos concurrents et la manière dont votre organisation se situe par rapport à ces indicateurs. Vous devez également être conscient de vos points forts et des domaines dans lesquels vous pouvez vous améliorer.

Étape 2 : Approche basée sur les données

L'exploitation des données est cruciale pour découvrir des voies stratégiques potentielles. Un CMO performant doit apprécier l'importance des données dans l'élaboration de la stratégie. Les données quantitatives peuvent être utilisées pour mieux comprendre les performances marketing actuelles et les perspectives d'amélioration, tandis que les données qualitatives sont utiles pour générer des informations pour motiver le changement.

IV.B. Choisir des voies appropriées

Une fois qu'une liste de voies potentielles a été identifiée, le CMO doit les évaluer en fonction des visions, des objectifs et des ressources de l'entreprise.

Étape 1 : Adéquation

Tout d'abord, évaluez la pertinence de chaque parcours. Cela implique d'aligner la stratégie sur la vision et la mission de l'entreprise.

Étape 2 : Faisabilité

Évaluer la faisabilité de la stratégie compte tenu des ressources de l'entreprise. Cela peut impliquer de mener une analyse coûts-avantages, une évaluation des risques ou d'explorer les implications en matière de personnel et de ressources.

IV.C. Mise en œuvre des parcours

Une fois qu'une voie est choisie, tout est question d'exécution. Un CMO doit être capable de diriger l'équipe pour qu'elle exécute parfaitement la stratégie choisie. Cependant, il est important de ne pas être trop rigide. Une approche flexible peut maintenir votre stratégie à jour et efficace.

Étape 1 : Élaborer un plan détaillé

Élaborer un plan d'action clair et détaillé. Décomposez la stratégie en tâches et attribuez-les à votre équipe.

Étape 2 : Surveiller les progrès

Il est tout aussi important de surveiller les progrès de la stratégie. Soyez prêt à ajuster la stratégie si nécessaire.

IV.D. Évaluation du succès du parcours

Les évaluations sont un aspect nécessaire de tout processus de planification stratégique. Des évaluations régulières peuvent aider à identifier ce qui fonctionne, ce qui ne fonctionne pas et les domaines à améliorer.

Étape 1 : Définir les mesures clés

Tout d'abord, définissez les paramètres clés qui seront utilisés pour mesurer et évaluer le succès.

Étape 2 : Recueillir des données et analyser

Recueillez des données et analysez-les par rapport à ces métriques. Recherchez des modèles ou des corrélations dans les données qui pourraient éclairer la stratégie future.

Dans l'ensemble, le parcours pour devenir un CMO performant consiste à apprendre et à s'adapter en permanence. Les directeurs marketing qui réussissent vraiment comprennent que l'optimisation des performances marketing n'est pas un projet ponctuel, mais un processus continu qui nécessite une vigilance, des tests et un raffinement constants des stratégies.

IV.1. Le processus de formulation de la stratégie

En tant que directeur du marketing (CMO), un élément essentiel de votre rôle consiste à construire et à appliquer des voies stratégiques qui guideront votre entreprise pour obtenir des résultats mesurables et tangibles. Le processus de formulation de la stratégie implique une planification considérable et une attention critique aux indicateurs de performance clés. Il définit essentiellement la feuille de route que vous devez suivre pour passer du statut de CMO moyen à celui de très performant.

Pour commencer, il est crucial de comprendre votre modèle commercial actuel, votre clientèle et votre paysage concurrentiel. Cela implique d'évaluer votre analyse SWOT (forces, faiblesses, opportunités, menaces), la segmentation de la clientèle et votre positionnement concurrentiel. Toutes ces informations vous fourniront le contexte nécessaire pour prendre des décisions plus éclairées.

IV.1.1. Identifier les domaines de résultats clés

Identifiez les domaines dans lesquels vous devez obtenir des résultats. Ceux-ci peuvent inclure le développement de prospects, la notoriété de la marque, la satisfaction des clients, les taux de fidélisation des clients et bien d'autres. La définition de ces domaines de résultats clés (KRA) est importante car elle pose les bases de vos orientations stratégiques.

IV.1.2. Fixez des objectifs SMART

Fixer des objectifs ou des buts SMART (spécifiques, mesurables, réalisables, pertinents et limités dans le temps) pour vos domaines de résultats clés identifiés est la prochaine étape cruciale. Les objectifs SMART garantissent efficacement l'alignement entre vos objectifs marketing et les objectifs commerciaux globaux.

IV.1.3. Définir des indicateurs de performance clés

Après avoir clairement défini vos objectifs SMART, procédez en déterminant les indicateurs de performance clés (KPI) qui mesureront le succès de vos objectifs. Les KPI sont des mesures quantifiables qui offrent une visibilité sur les performances de l'organisation par rapport à ses objectifs. Cette étape est cruciale dans la création d'une stratégie axée sur les résultats.

IV.1.4. Formuler des stratégies concrètes

Après avoir effectué les étapes décrites ci-dessus, passez à la création de stratégies exploitables. Utilisez les informations recueillies à partir de votre analyse SWOT et d'autres évaluations. N'oubliez pas que les stratégies doivent servir de voie pour atteindre vos objectifs SMART.

IV.1.5. Implémenter, surveiller et optimiser

Une fois les stratégies en place, la phase suivante est la mise en œuvre. Un suivi minutieux des stratégies est essentiel au succès. Il est également impératif de conserver la flexibilité nécessaire pour optimiser et ajuster vos stratégies en fonction des KPI et de tout changement dans l'environnement marketing.

IV.1.6. Examen régulier et adaptation

N'oubliez pas que le terrain du marketing est dynamique et sujet à des changements constants. Les entreprises doivent s'adapter rapidement, c'est pourquoi elles revoient continuellement leur stratégie, la révisent et l'adaptent si nécessaire. Des examens réguliers permettront de savoir si vos stratégies vous mènent vers vos objectifs marketing ou si les étapes concrètes nécessitent un ajustement.

En conclusion, devenir un CMO performant nécessite un parcours stratégique bien défini. Garder une trace des bonnes mesures, fixer des objectifs clairs et rester adaptable au changement vous aidera à rester pertinent et à vous démarquer de vos concurrents. N'oubliez pas que dans le monde volatile des affaires, le rôle du CMO n'est jamais constant ; au contraire, il évolue continuellement. Par conséquent, être un CMO performant signifie non seulement conduire votre équipe et votre entreprise vers le succès, mais également la croissance et le développement personnels.

4.1 Aligner les objectifs sur les stratégies : le rôle du directeur marketing

Dans le monde dynamique du marketing, le Chief Marketing Officer (CMO) joue un rôle clé qui transcende les frontières conventionnelles. Le CMO doit être à la fois un visionnaire, un stratège, un innovateur et un orchestrateur. Ils doivent non seulement proposer des stratégies marketing avant-gardistes pour promouvoir les produits ou services de l'entreprise, mais également aligner les cibles marketing sur les objectifs plus larges de l'entreprise.

En premier lieu, un directeur marketing performant doit effectuer quatre tâches essentielles : formuler une stratégie marketing, favoriser une réflexion innovante, établir une gestion de marque solide et contribuer de manière significative à la génération de revenus.

Formuler une stratégie marketing

Le rôle le plus vital d'un CMO performant est de concevoir une stratégie marketing solide en capitalisant sur les tendances du marché et en analysant le comportement des clients. Cette stratégie doit être à la fois agile et conforme aux objectifs à long terme de l'entreprise. Ici, les prouesses du CMO dans la création d'une feuille de route qui relie les objectifs commerciaux, les objectifs marketing et les stratégies exploitables sont testées au maximum. Il est recommandé que le CMO collabore étroitement avec le PDG et le conseil d'administration pour établir un alignement stratégique.

Favoriser la pensée innovante

Dans un paysage numérique en évolution rapide, favoriser une culture de l'innovation n'est plus une option mais une nécessité. En étant à la pointe des avancées technologiques, un directeur marketing performant peut tirer parti des nouvelles technologies pour stimuler la croissance de son entreprise. La pensée innovante doit être appliquée à tous les aspects du marketing, y compris la création de produits, la construction de la marque, le service client et l'accès au marché. Ici, il est crucial de favoriser une culture qui encourage l'expérimentation constante et l'apprentissage des échecs.

Établir une gestion de marque solide

Une visibilité de marque importante et positive est directement corrélée à une confiance accrue des clients et à des flux de revenus soutenus. En tant que tel, un CMO performant cherche également à établir une solide gestion de la marque. Cela implique de transmettre des messages cohérents, de nourrir les défenseurs de la marque et de nourrir un récit de marque fort qui résonne profondément auprès des clients. En surveillant en permanence les indicateurs de santé de la marque tels que la notoriété, la préférence et la fidélité à la marque, un CMO peut façonner et affiner sa stratégie de marque.

Contribuer à la génération de revenus

Un CMO performant n'est pas seulement un expert en marketing mais également un chef d'entreprise. En tant que tels, ils doivent avoir une compréhension claire du modèle de revenus et contribuer à stimuler la croissance des revenus. Cela s'étend au-delà des activités de marketing traditionnelles dans des domaines tels que les ventes, la gestion des clients, la tarification et les stratégies de distribution. En collaborant avec d'autres dirigeants interfonctionnels, un CMO peut favoriser une culture centrée sur le client qui donne la priorité aux relations à long terme et à une croissance soutenue des revenus.

En conclusion, devenir un CMO performant nécessite une approche hybride, combinant une expertise marketing traditionnelle avec une compréhension de la stratégie commerciale, une passion pour l'innovation, une force dans la gestion de la marque et une concentration constante sur la croissance des revenus. Un CMO performant est le pivot qui relie les différentes fonctions de l'entreprise et crée des voies stratégiques pour un succès à long terme.

Comprendre le rôle du CMO

Réussir en tant que CMO (Chief Marketing Officer) dans l'environnement commercial moderne nécessite une compréhension approfondie de l'évolution du rôle du marketing au sein d'une entreprise. En tant que décideur stratégique et innovateur, le CMO doit non seulement créer et fournir de la valeur au client, mais également stimuler la rentabilité et la croissance de l'organisation. Ce rôle essentiel implique la gestion d'un éventail de tâches complexes - de l'expérience client, du marketing numérique, de la création de marque, de l'innovation, de l'analyse client, aux ventes et à la gestion du mix de canaux. De plus, un CMO vraiment performant doit faire preuve d'un leadership et de compétences en communication exceptionnels, et avoir la capacité d'aligner les stratégies de marketing sur les objectifs stratégiques plus larges de l'entreprise.

Indicateurs de performance clés pour les directeurs marketing

Comme c'est le cas pour tout poste de direction, la performance d'un CMO est évaluée par des indicateurs spécifiques. Parmi les principaux indicateurs de performance des CMO figurent la reconnaissance et la réputation de la marque, l'acquisition de clients, les taux de conversion, la fidélité des clients et la valeur à vie, ainsi que le retour sur investissement marketing (ROMI). Plus récemment, les mesures de marketing numérique telles que le trafic en ligne, l'engagement sur les réseaux sociaux et les classements des moteurs de recherche jouent également un rôle important dans l'évaluation du succès d'un CMO. Il est important que les directeurs marketing non seulement comprennent ces indicateurs, mais également les alignent sur les objectifs stratégiques globaux de l'entreprise.

Construire des voies stratégiques

La création de voies stratégiques implique de tracer un parcours qui aligne de manière transparente les activités du service marketing sur les objectifs stratégiques globaux de l'organisation. Cela nécessite une compréhension du modèle commercial de l'entreprise, de la stratégie organisationnelle globale et des principaux objectifs commerciaux. Un CMO performant est celui qui peut efficacement développer et mettre en œuvre des voies stratégiques en marketing qui contribuent au succès de l'entreprise dans son ensemble.

Compréhension approfondie de l'entreprise et de l'industrie

Un élément crucial de la création d'une voie stratégique consiste à avoir une compréhension approfondie des activités et du secteur d'activité de l'entreprise. Cela implique de connaître les principaux acteurs, de comprendre les tendances du marché, de reconnaître les opportunités de croissance et de prévoir les défis potentiels. En outre, cela nécessite une compréhension du public cible de l'entreprise, y compris ses besoins, ses désirs et ses attentes.

Définir et communiquer des objectifs marketing clairs

Des objectifs marketing clairs qui s'alignent sur les objectifs commerciaux de l'entreprise servent de garde-fous qui garantissent que toutes les activités marketing sont ciblées et axées sur les résultats. Ces objectifs doivent être SMART (spécifiques, mesurables, atteignables, pertinents et limités dans le temps) et communiqués efficacement à tous les niveaux de l'équipe marketing.

Créer un plan marketing stratégique

Un plan marketing efficace est la feuille de route qui guide l'organisation dans la réalisation de ses objectifs marketing. Cela implique de créer des stratégies pour la segmentation du marché, le ciblage, le positionnement et le mix marketing - produit, prix, emplacement et promotion.

Allocation efficace des ressources

Les ressources doivent être allouées efficacement pour garantir que toutes les activités de marketing sont non seulement réalisables, mais conduisent également au retour sur investissement le plus élevé possible. Cela implique de budgétiser chaque aspect de la stratégie marketing et d'évaluer constamment l'efficacité de l'allocation des ressources.

Surveiller, mesurer et ajuster

Les directeurs marketing hautement performants surveillent de près la progression des campagnes et des activités marketing et mesurent leur succès par rapport à des objectifs et des KPI prédéfinis. Ce processus d'évaluation dynamique et continu se répercute sur la stratégie marketing, entraînant des ajustements et des changements au fur et à mesure des besoins.

Leadership et alignement organisationnel

Un CMO ne fonctionne pas en vase clos. Pour répondre efficacement aux aspects mentionnés ci-dessus, un CMO hautement performant doit fournir un leadership inclusif et garantir l'alignement de tous les processus opérationnels et des équipes sur la stratégie marketing globale.

Grâce à un leadership inclusif, le CMO favorise une culture diversifiée propice aux nouvelles idées, à la collaboration et à la croissance individuelle qui conduit finalement à de meilleures décisions marketing. En alignant l'organisation, le CMO garantit que chaque membre, quel que soit son rôle, comprend comment son travail contribue à la vision plus large de la stratégie marketing.

Pour conclure, la voie pour devenir un directeur marketing hautement performant implique de comprendre le rôle, de déterminer et d'utiliser les bonnes mesures, de créer des voies stratégiques, de diriger et d'aligner l'organisation. Ces aspects impliquent une réflexion stratégique, une action décisive, une communication efficace et des compétences en leadership. Bien que cela puisse sembler écrasant, avec la bonne préparation, la conscience de soi et une amélioration constante des compétences, on peut exceller dans le rôle épanouissant d'un directeur marketing.

V. Tactiques de leadership pour les directeurs marketing

Comprendre le rôle de l'intelligence émotionnelle

En tant que directeur du marketing (CMO), vous occupez un poste de direction qui exerce une influence et un contrôle importants sur les initiatives marketing d'une organisation. Ce poste, tout en conférant beaucoup de pouvoir et de responsabilités, peut également présenter une myriade de défis qui peuvent s'avérer intimidants, même pour le professionnel le plus expérimenté. Cependant, avec les bonnes tactiques de leadership, telles que le développement de l'intelligence émotionnelle, un directeur marketing peut non seulement relever efficacement ces défis, mais également apporter des changements transformateurs aux efforts marketing de l'organisation.

Qu'est-ce que l'intelligence émotionnelle ?

L'intelligence émotionnelle, parfois appelée QE (quotient émotionnel), est la capacité de comprendre, de gérer et d'exprimer efficacement ses propres sentiments, ainsi que de s'engager et de naviguer avec succès avec ceux des autres. Essentiellement, avoir une intelligence émotionnelle signifie avoir les compétences nécessaires pour percevoir, contrôler et évaluer les émotions - à la fois les nôtres et celles des personnes qui nous entourent. Il s'agit d'un aspect essentiel du leadership, en particulier pour les CMO, qui ont souvent besoin de motiver les équipes, de gérer le stress, de naviguer dans la politique organisationnelle et de traiter efficacement avec les clients et les parties prenantes.

Comment l'intelligence émotionnelle influence-t-elle l'efficacité d'un directeur marketing ?

Des recherches ont montré que l'intelligence émotionnelle est deux fois plus importante pour le succès du leadership que les capacités cognitives et les compétences techniques. Cela est particulièrement vrai pour les directeurs marketing, dont le rôle implique de nombreuses interactions interpersonnelles et une collaboration avec différentes équipes, parties prenantes et clients. Un CMO doté d'une intelligence émotionnelle élevée peut utiliser sa compréhension des émotions pour influencer positivement les personnes avec lesquelles il travaille, conduisant son équipe vers des niveaux de productivité plus élevés, favorisant la dynamique relationnelle, influençant les décisions de la haute direction et interagissant avec les clients.

Motiver les équipes

Les directeurs marketing émotionnellement intelligents savent gérer leurs propres émotions et peuvent également reconnaître et influencer les émotions des membres de leur équipe. En faisant preuve d'empathie, ils peuvent renforcer le moral de l'équipe, améliorant ainsi la collaboration et la productivité.

Gérer le stress

Les programmes marketing peuvent être stressants, avec des délais serrés et des objectifs ambitieux. Un directeur marketing émotionnellement intelligent est mieux à même de gérer son propre stress et peut modéliser ce comportement pour son équipe, contribuant ainsi à favoriser un environnement calme et productif, même face aux défis.

Naviguer dans la politique organisationnelle

L'implication dans la prise de décision au plus haut niveau expose souvent les directeurs marketing aux politiques de bureau. Les dirigeants émotionnellement intelligents peuvent naviguer dans ces eaux, comprendre différentes personnalités et motivations, cultiver des alliés influents et résoudre les conflits de manière constructive.

Traiter avec les clients et les parties prenantes

De la compréhension des besoins des clients à la gestion des attentes des parties prenantes, l'intelligence émotionnelle améliore considérablement la capacité d'un directeur marketing à établir et entretenir des relations solides et positives.

Cinq composantes de l'intelligence émotionnelle pour les directeurs marketing

Le psychologue Daniel Goleman, fondateur du concept d'intelligence émotionnelle, a identifié cinq éléments clés de l'intelligence émotionnelle : la conscience de soi, l'autorégulation, la motivation, l'empathie/sympathie et les compétences sociales.

1. **Conscience de soi** : Un CMO à QE élevé est à la fois conscient de lui-même et a la capacité de reconnaître ses propres sentiments. Ils comprennent comment leurs émotions affectent leurs pensées et comportements personnels et leur impact sur les autres.
2. **Autorégulation** : Les leaders émotionnellement intelligents peuvent gérer et contrôler les émotions en douceur et performer dans des situations stressantes. Ils sont prêts à assumer la responsabilité de leurs actes, peuvent s'adapter facilement au changement et maintenir leur intégrité à tout moment.
3. **Motivation** : Un CMO motivé et doté d'une intelligence émotionnelle élevée favorise une atmosphère organisationnelle positive, habilitante et productive. Ils sont déterminés à dépasser les attentes et inspirent la même motivation au sein de leur équipe.
4. **Empathie/Sympathie** : Les directeurs marketing empathiques ont la capacité de comprendre ou de ressentir ce qu'une autre personne vit de son point de vue. Cette capacité les aide à établir des liens avec les gens, à comprendre leurs besoins et, finalement, à gérer les relations plus efficacement.
5. **Compétences sociales** : une communication efficace est un élément crucial du travail d'un CMO. Les leaders avec un QE élevé comprennent les nuances de la communication, sont habiles à gérer les relations, à gérer les conflits, à inspirer et à influencer les autres pour obtenir de meilleurs résultats.

Dans le prochain chapitre, nous approfondirons les stratégies et les tactiques qui peuvent aider les CMO à améliorer leur intelligence émotionnelle. Nous apprendrons à définir des stratégies qui aident à gérer le stress, à diriger avec empathie, à perfectionner les compétences sociales et à motiver les équipes – des aspects clés qui contribuent à devenir un CMO performant.

Tirer parti des compétences en leadership pour stimuler la croissance organisationnelle

En tant que directeur du marketing (CMO), vous occupez une position privilégiée pour intégrer des stratégies de leadership qui peuvent créer des changements importants au sein de votre équipe et avoir un impact profond sur la croissance de l'organisation. Bien que la nature exacte des tactiques de leadership puisse varier en fonction de la culture et des objectifs de votre organisation, certaines techniques efficaces peuvent améliorer constamment les performances, inspirer l'innovation et favoriser la cohésion d'équipe.

Influence et persuasion

Les stratégies reposent sur votre capacité à influencer les principales parties prenantes, à présenter des arguments avec des preuves convaincantes et à persuader l'action. Le CMO moderne doit exceller dans les soft skills aux côtés des hard skills ; il ne suffit plus d'être avant tout un expert technique. En tant que leader influent, les directeurs marketing doivent bâtir une large base de soutien, faire preuve d'une réflexion stratégique et synthétiser des données complexes en informations exploitables. Cela peut renforcer les relations avec votre équipe, aligner les stratégies marketing sur la vision de l'organisation et montrer au leadership que vous conduisez efficacement les initiatives marketing.

Développer des équipes performantes

Construire une équipe performante est crucial pour mettre en œuvre des stratégies avec succès. Cela implique d'identifier les talents au sein de votre équipe, de cultiver leurs compétences et de créer un environnement qui favorise la collaboration et l'innovation. Explorer les forces et les faiblesses des membres de votre équipe vous permet d'attribuer des tâches qui renforcent leurs compétences et encouragent leur développement. De plus, les programmes de mentorat peuvent favoriser l'apprentissage et la croissance de carrière, renforçant leur loyauté et leur engagement envers l'entreprise.

Communication

Le leadership peut faiblir sans une communication efficace. En tant que CMO, vos compétences en communication doivent être excellentes pour articuler votre vision, inspirer votre équipe et convaincre les dirigeants. Cela implique plusieurs moyens de communication, depuis la présentation percutante aux cadres supérieurs jusqu'à la fourniture de commentaires constructifs aux membres de votre équipe.

Prise de décision

Les CMO doivent prendre des décisions difficiles, souvent sans informations complètes. Ces décisions peuvent avoir un impact significatif sur les performances de votre équipe et de l'organisation. Développer de solides compétences en matière de prise de décision peut être crucial. Cela implique d'analyser les données disponibles, d'envisager diverses perspectives, de prévoir l'impact potentiel de votre décision et de s'adapter pour changer de cap si nécessaire.

Résolution de conflit

Des conflits peuvent survenir - entre les membres de l'équipe, entre le marketing et d'autres départements, ou entre les stratégies marketing et les objectifs de l'entreprise. En tant que CMO, votre capacité à servir de médiateur, à trouver un terrain d'entente et à résoudre les conflits peut être cruciale pour garder votre équipe unifiée et sur la bonne voie.

Résilience

Le rôle d'un CMO peut être difficile, avec des attentes élevées et des changements constants. La résilience, la capacité de rebondir après des défis, peut être une qualité essentielle de leadership. Cela implique de maintenir un moral positif, de faire preuve de détermination et de communiquer une vision claire.

Intelligence émotionnelle

L'intelligence émotionnelle (QE) est souvent négligée dans les rôles de leadership, mais elle contribue à la performance. Un QE élevé vous permet de comprendre et de gérer vos émotions, de faire preuve d'empathie envers les membres de votre équipe et d'établir des relations solides. Cela implique la conscience de soi, l'autorégulation et les compétences sociales.

En résumé, un directeur marketing performant exploite diverses tactiques de leadership pour stimuler la croissance organisationnelle. Ces stratégies sont une combinaison de compétences techniques et générales, axées sur l'influence des autres, le développement d'une équipe performante, la communication, la prise de décision, la résolution de conflits, la résilience et l'intelligence émotionnelle. En maîtrisant ces tactiques, vous pouvez renforcer votre influence en tant que CMO et contribuer de manière significative au succès de votre organisation.

Sous-section : Cultiver un leadership visionnaire en tant que directeur marketing hautement performant

Les Chief Marketing Officers (CMO) qui réussissent sont plus que de simples chefs de département. Ce sont des visionnaires, des stratèges et des leaders qui façonnent et exécutent constamment des idées critiques qui tracent la voie. À l'instar d'un chef d'orchestre menant un orchestre vers l'harmonie, un CMO performant guide son équipe vers la réussite collective grâce à ses tactiques de leadership à la fois compétentes et innovantes. Cette sous-section explorera les stratégies, indicateurs et voies clés que les directeurs marketing devraient entreprendre pour tenir le cap dans le monde en constante évolution du marketing.

Définir les indicateurs de réussite

La mesure du succès est, par essence, une activité routière : elle nécessite une destination, une carte pour guider le chemin et des marqueurs pour suivre les progrès. De même, les directeurs marketing les plus performants définissent leurs indicateurs de réussite pour visualiser leurs objectifs, élaborer des stratégies pour les atteindre et suivre leurs progrès tout au long du parcours.

1. **Alignement de la vision** : vos mesures doivent s'aligner sur la mission et la vision de votre organisation. Le degré d'harmonie entre vos objectifs marketing et les objectifs généraux de l'entreprise représente une mesure importante du succès.
2. **ROI et rentabilité** : la croissance des revenus, la génération de prospects et les taux de fidélisation des clients doivent être examinés de près. Les directeurs marketing doivent se concentrer sur des mesures qui démontrent le retour sur investissement marketing (ROMI) et l'impact sur la marge bénéficiaire de l'entreprise.
3. **Mesures de performances marketing** : des mesures telles que la valeur à vie du client (CLTV), le coût par acquisition (CPA), les taux de conversion, la notoriété de la marque et la satisfaction globale des clients sont des facteurs essentiels pour évaluer le succès d'une campagne marketing.
4. **Métriques numériques** : les CMO ne doivent pas négliger le domaine des métriques de marketing numérique, y compris les visiteurs uniques du site Web, les classements SEO, les taux d'engagement sur les réseaux sociaux, les taux d'ouverture des e-mails et les taux de clics.

Développer des parcours de leadership : l'approche 3P

1. **Personnel** : les CMO doivent sélectionner, former et gérer méticuleusement leur équipe marketing. Ils devraient encourager une culture inclusive et

diversifiée sur le lieu de travail pour rassembler des perspectives et des idées variées.

2. **Processus :** les directeurs marketing hautement performants s'appuient fortement sur des processus définis. Un processus marketing définitif, qu'il s'agisse de gestion de campagne, de lead nurturing ou d'automatisation du marketing, permet d'assurer cohérence et efficacité, garantissant que les initiatives sont réalisées comme prévu dans les délais impartis.

3. **Partenariats :** il est essentiel d'établir des relations au sein de l'ensemble de l'organisation et des alliances externes. Le partenariat avec d'autres départements crée une approche marketing intégrée, tandis que les partenaires externes (agences, fournisseurs) peuvent offrir des compétences spécialisées et des informations sur le marché.

Stratégies de leadership pour les directeurs marketing

1. **Adopter le changement :** le monde du marketing évolue continuellement, il est donc essentiel de s'adapter au changement et d'encourager les équipes à faire de même. Les directeurs marketing doivent se tenir au courant des tendances du secteur et intégrer les nouvelles technologies et plates-formes dans leurs stratégies marketing.

2. **Prise de décision basée sur les données :** un directeur marketing performant exploite l'analyse des données pour comprendre les comportements des clients, améliorer les produits, gérer les crises et prendre des décisions éclairées.

3. **Communication et collaboration :** les directeurs marketing doivent pratiquer une communication ouverte, en encourageant les équipes à partager des opinions, des idées et des commentaires. La collaboration au sein et à l'extérieur du département

peut favoriser des idées innovantes et rehausser les campagnes marketing.

4. **Mettre l'accent sur l'expérience client :** il est essentiel de placer les clients à la tête de la stratégie marketing. Cela implique d'analyser les comportements des clients, de comprendre leurs préférences et de proposer des expériences personnalisées.

En conclusion, être un CMO performant nécessite un mélange de réflexion stratégique, de leadership visionnaire et de sens analytique. Il n'y a pas de feuille de route pour atteindre le sommet, mais en tirant parti de ces tactiques de leadership, les directeurs marketing peuvent naviguer avec succès dans ce parcours difficile, orientant finalement le service marketing et l'organisation vers un avenir de croissance durable.

V.5 Adopter le coaching comme tactique de leadership pour les directeurs marketing

Alors que le Chief Marketing Officer (CMO) aborde la fonction de leadership, un facteur essentiel qu'il doit adopter est le coaching. *Le coaching de leadership* est une approche dans laquelle le leader se concentre sur la croissance potentielle de ses subordonnés et les guide vers l'amélioration de leurs compétences, capacités et performances. Il s'agit de diriger et de nourrir, pas seulement de dicter.

Premièrement, **adopter un état d'esprit de coaching est essentiel** . En tant que directeur marketing, il est essentiel de comprendre que le coaching ne consiste pas à dire aux gens quoi faire ou comment faire leur travail. Il s'agit plutôt de poser les bonnes questions pour susciter la réflexion, promouvoir la découverte de soi et encourager l'amélioration de soi. Un état d'esprit de coaching repose sur la conviction que chacun a le potentiel de grandir et que c'est le rôle du leader de faciliter cette croissance.

Établir un chemin de développement clair est également un élément crucial de votre approche de coaching. L'élaboration de plans de développement individuels pour votre équipe garantit que chaque membre dispose d'une feuille de route pour la croissance. Ces plans doivent être basés sur les objectifs personnels et professionnels des employés, alignés sur les objectifs globaux de l'entreprise. Un tel investissement direct dans l'avenir des membres de votre équipe crée de la motivation et améliore la productivité de votre service marketing.

L'accent mis sur la communication fait partie intégrante d'une approche de coaching et de leadership . Une communication efficace suscite des idées, de la créativité et encourage la croissance individuelle et collective. Et il ne s'agit pas seulement de parler, mais aussi d'écouter, de poser des questions, de fournir des commentaires et de proposer des conseils. Cela signifie favoriser un environnement dans lequel chacun se sent entendu, valorisé et habilité à contribuer au mieux de ses capacités.

La mesure et l'évaluation sont également cruciales . Définir à l'avance des normes et des attentes claires en matière de performance permet de garantir que chacun sait vers quoi il travaille et comment il sera évalué. Sur la base de ces mesures, des commentaires constructifs peuvent être fournis pour aider les membres de l'équipe à atteindre leurs objectifs et à s'améliorer constamment.

Une approche de coaching en leadership **exige également de prendre du recul et de permettre à votre équipe de s'approprier son travail** . Leur confier la prise de décision leur confère autonomie et responsabilité, les motive à mieux performer et crée un sentiment d'appartenance.

Enfin, tout bon entraîneur connaît l'importance de **favoriser la résilience** . Les défis, les échecs et les revers font partie de chaque voyage, et il est de votre devoir en tant que directeur marketing d'encourager les membres de votre équipe à se relever, à apprendre de ces expériences et à avancer avec une plus grande détermination.

Par conséquent, le rôle du leadership dans la gestion du marketing, en particulier le rôle des CMO, exige plus que de simples tactiques de gestion. Elle valorise le coaching comme une approche transformatrice pour faire ressortir le meilleur d'une équipe, en tirant parti de ses capacités et en l'orientant vers une croissance collective et individuelle. En adoptant le coaching comme tactique de leadership, les directeurs marketing peuvent inciter leurs équipes à devenir plus créatives, innovantes et mesurables, contribuant ainsi à la vision et aux objectifs plus larges de l'entreprise.

En conclusion, le coaching en tant que tactique de leadership consiste à se concentrer sur la croissance des employés et à créer un environnement encourageant qui favorise la communication, le partage des connaissances et l'apprentissage continu. Ce style de leadership positionne le CMO non seulement comme un gestionnaire, mais aussi comme un mentor, un guide et un coach – en fin de compte, favorisant la croissance organisationnelle, les hautes performances et le dynamisme dans le paysage marketing.

Cette approche est parallèle à la prémisse inculquée dans notre livre : devenir un CMO hautement performant. Un coach puissant et innovant dirige une équipe puissante et

innovante, qui génère des résultats puissants et innovants.
Par conséquent, efforcez-vous d'incarner un style de
leadership de coaching pour mener votre équipe de manière
plus efficace, efficiente et exemplaire vers le succès.

Chapitre 12 : Cultiver l'intelligence du leadership en tant que CMO

En cette ère d'innovation disruptive et d'évolution
technologique, le rôle d'un directeur marketing (CMO) s'est
non seulement diversifié mais également amplifié dans sa
complexité. Parallèlement à leurs tâches traditionnelles de
développement de marque et d'études de marché, les
directeurs marketing modernes doivent désormais
également prendre des décisions fondées sur des données,
utiliser des techniques de marketing dynamiques et générer
des résultats quantifiables. Ce sont les stratèges clés qui
canalisent toutes les facettes d'une entreprise vers une
direction unifiée. Dans ce chapitre, nous explorons les
thèmes de l'intelligence du leadership et des tactiques qui
peuvent aider un CMO à être performant et efficace.

12.1 : Élever votre intelligence émotionnelle

L'intelligence émotionnelle (IE) est essentielle pour tout rôle
de leadership. Pour un CMO, affiner l'intelligence
émotionnelle implique d'être à l'écoute non seulement des
émotions de votre équipe, mais également des sentiments,
des attitudes et des valeurs de votre public cible.
L'intelligence émotionnelle peut aider à créer des récits
convaincants qui trouvent un écho auprès des clients et
favorisent leur fidélité. Cela nécessite une véritable empathie
et la capacité de percevoir le fondement émotionnel des
tendances du marché et du comportement des
consommateurs.

12.2 : Application de l'intelligence des données

Les progrès de l'IA, du Big Data et de l'apprentissage automatique ont transformé les pratiques marketing en une discipline scientifique axée sur les données. Le directeur marketing moderne devrait être capable d'exploiter ces informations pour optimiser les stratégies commerciales. Ils doivent acquérir des compétences en analyse de données, en prévision des tendances, en modélisation du comportement des consommateurs, et maîtriser et maîtriser des outils technologiques marketing de pointe.

12.3 : Développer l'agilité du leadership

Un CMO performant doit être agile dans son processus de prise de décision. Ils doivent être capables de réagir rapidement aux nouvelles tendances du marché, aux défis commerciaux émergents et aux innovations technologiques. Une des caractéristiques d'un leader agile est d'être capable d'accélérer la prise de décision, d'élaborer des stratégies flexibles et de s'adapter au changement rapidement et efficacement.

12.4 : Promouvoir la synergie interfonctionnelle

Le rôle d'un CMO s'étend au-delà de l'équipe marketing. Cela implique une coordination avec différents coins de l'organisation, comme les équipes de vente, d'informatique, de service client et de développement de produits. Cela amène la nécessité de promouvoir un leadership interfonctionnel pour assurer l'alignement de la vision et des valeurs de l'organisation. Un directeur marketing performant comprend que créer des ponts entre les départements et favoriser un environnement collaboratif maximisera le potentiel global de l'organisation.

12.5 : Leadership éthique et responsabilité sociale

Dans un monde où les entreprises sont tenues responsables de leur empreinte sociale, les CMO doivent orienter leur marque vers des actions responsables. Cela implique des pratiques de marketing durables, une publicité éthique et la promotion de la responsabilité des entreprises. Le CMO moderne n'est donc pas seulement un stratège mais aussi un gardien de l'identité éthique de son organisation.

12.6 : Favoriser l'innovation et la créativité

Pour garder une longueur d'avance sur un marché en constante évolution, les directeurs marketing doivent favoriser la créativité et l'innovation. Cela prend en compte la pensée divergente, la prise de risque et l'encouragement d'une culture d'expérimentation et d'apprentissage au sein de l'équipe.

En conclusion, être CMO exige bien plus que comprendre les techniques de marketing. Cela nécessite de combiner la sagesse du leadership traditionnel avec les prouesses stratégiques modernes. En cultivant l'intelligence du leadership, un directeur marketing peut naviguer dans ce rôle difficile et épanouissant avec grâce et efficacité, propulsant son organisation vers des sommets sans précédent. Les directeurs marketing les plus performants sont ceux qui peuvent efficacement combler le fossé entre la complexité du rôle et le dynamisme du marché.

VI. Stratégies de marketing pour réussir

Stratégie n°1 : Maîtriser le marketing numérique

À l'ère des progrès technologiques rapides, un CMO performant doit rester à jour avec les dernières tendances et outils de marketing numérique. Cela inclut l'optimisation des moteurs de recherche (SEO), la publicité au paiement par clic (PPC), le marketing par e-mail, le marketing de contenu, le marketing sur les réseaux sociaux, le marketing d'affiliation, etc. Le marketing numérique permet non seulement d'atteindre un public plus large, mais offre également un ciblage précis et une analyse en temps réel.

SEO et PPC

Les techniques de référencement se sont révélées efficaces pour améliorer la visibilité de votre site Web sur les moteurs de recherche, tandis que le PPC vous permet d'atteindre des acheteurs potentiels via des publicités payantes. Les deux nécessitent une recherche approfondie de mots clés, une analyse des concurrents, ainsi qu'un suivi et des ajustements continus basés sur des mesures de performances.

Publicité par e-mail

La puissance du marketing par e-mail est souvent sous-estimée. C'est l'un des moyens les plus efficaces de nourrir les prospects et de les convertir en clients fidèles. Des e-mails personnalisés, des lignes d'objet accrocheuses, un contenu engageant et un timing approprié sont tous des indicateurs cruciaux de succès dans cette stratégie.

Marketing des médias sociaux

Avec des milliards de personnes sur des plateformes comme Facebook, Twitter, Instagram et LinkedIn, le marketing des médias sociaux ne peut être ignoré. Les CMO doivent développer une solide stratégie de médias sociaux qui s'aligne sur la voix et les objectifs de leur marque. Les CMO performants connaissent l'importance d'interagir avec leur public de manière régulière et authentique sur ces plateformes.

Marketing de contenu

Le contenu de qualité est roi dans le marketing numérique. Les directeurs marketing les plus performants comprennent que la création et le partage continus de contenu de valeur sont essentiels pour instaurer la confiance avec les consommateurs. Il peut s'agir d'articles de blog, d'infographies, de livres électroniques, de vidéos, de podcasts ou d'autres formes de contenu apportant de la valeur.

Stratégie n° 2 : Prise de décision basée sur les données

Les directeurs marketing les plus performants ne prennent jamais de décisions basées sur des hypothèses ou des intuitions. Ils s'appuient sur des données collectées à partir de diverses sources telles que des études de marché, les commentaires des clients, les analyses de sites Web, les informations sur les réseaux sociaux et d'autres canaux pertinents. Cette approche de prise de décision basée sur les données leur permet de comprendre le comportement et les préférences des clients, de mesurer l'efficacité des stratégies marketing et de procéder à des ajustements si nécessaire.

Stratégie n°3 : Construire et entretenir des relations clients

L'établissement de relations solides avec les clients est essentiel au succès de toute entreprise. Les CMO performants traitent les clients comme un atout et non comme une transaction. Ils mettent en œuvre des stratégies pour favoriser la communication, instaurer la confiance et créer des expériences personnalisées. Ceci comprend:

Personnalisation

Les CMO qui réussissent savent que les clients apprécient les expériences personnalisées. Segmenter les clients en fonction de leurs préférences, de leur comportement ou de leurs interactions antérieures, puis adapter les messages et les offres en conséquence, peut améliorer la fidélité et la défense des clients.

Systèmes GRC

Les systèmes de gestion de la relation client (CRM) offrent une vue globale de toutes les interactions avec un client. Les directeurs marketing les plus performants utilisent ces données pour améliorer l'expérience client, identifier les opportunités de vente incitative ou croisée et prévoir les problèmes potentiels qui pourraient survenir.

Stratégie n° 4 : Partenariats et alliances stratégiques

La formation de partenariats et d'alliances stratégiques peut permettre d'accéder à de nouveaux clients, de pénétrer de nouveaux marchés, de partager des ressources et des connaissances et de renforcer la réputation de la marque. Les CMO performants sont toujours à la recherche d'opportunités de partenariat qui correspondent à leur marque et peuvent offrir des avantages mutuels.

En appliquant ces stratégies, un CMO peut augmenter considérablement ses performances sur le marché concurrentiel. Cependant, un apprentissage et un ajustement constants sont essentiels car les tendances, les goûts et les technologies évoluent continuellement, obligeant les spécialistes du marketing à s'adapter et à innover rapidement.

La puissance et le potentiel des stratégies basées sur les données

Un directeur marketing avisé et performant comprend la valeur des décisions basées sur les données. L'importance des données ne peut être sous-estimée à l'ère numérique d'aujourd'hui. Les entreprises du monde entier capitalisent sur cette ressource pour adapter leurs stratégies et atteindre les résultats ciblés. Pour un CMO, l'exploitation des données se traduit par la conception de stratégies marketing sur mesure qui produisent des résultats significatifs et mesurables.

Adopter l'analyse des données

Les données sont parfois qualifiées de « nouveau pétrole », en raison de leur rôle central dans la croissance des entreprises. Pour les directeurs marketing, adopter l'analyse des données n'est pas seulement une option : c'est une nécessité. Cela va au-delà de la simple collecte de données sur l'activité des clients. Cela implique une analyse approfondie des données disponibles pour obtenir des informations exploitables et rentables.

Utilisez des outils d'analyse de données client pour segmenter votre audience, comprendre son comportement, personnaliser vos campagnes et prédire le comportement futur de vos clients. Il aide à éclairer les domaines de l'expansion des produits, des nouveaux marchés et de l'amélioration de l'expérience client.

Identification et sélection des métriques pertinentes

Toutes les métriques ne sont pas créées égales et toutes les données ne sont pas utiles. La clé est d'être capable de faire la distinction entre ce qui est vraiment perspicace et ce qui n'est que du bruit. Un CMO performant doit définir des KPI stratégiques (indicateurs de performance clés) pertinents pour les objectifs marketing de l'entreprise.

Le choix des bons indicateurs marketing nécessite souvent une évaluation minutieuse. Envisagez des mesures qui couvrent la portée marketing, le sentiment de marque, la génération de prospects, les taux de conversion, la fidélisation de la clientèle et les revenus.

Utiliser le marketing prédictif

Avec les progrès de l'apprentissage automatique et de l'intelligence artificielle, le marketing prédictif est devenu un élément important des stratégies de marketing basées sur les données. Cela implique l'utilisation de données et d'algorithmes pour prévoir les résultats futurs.

Le marketing prédictif peut fournir des informations puissantes sur le comportement des clients et les performances des campagnes. Il aide à élaborer des stratégies de marketing de contenu, à fixer des prix, à segmenter les clients, à gérer les ressources et à optimiser le développement de produits.

Mettre en œuvre un marketing personnalisé

L'aspect le plus impressionnant de l'exploitation des données dans le manuel de stratégie d'un CMO est peut-être la « personnalisation ». Les clients d'aujourd'hui attendent des expériences personnalisées, et les données sont le moyen de les offrir.

En utilisant stratégiquement les données, les spécialistes du marketing peuvent segmenter les audiences à un niveau granulaire, permettant un engagement véritablement personnalisé. Des études montrent que les e-mails personnalisés et le marketing de contenu ont des taux d'engagement et de conversion plus élevés que les messages génériques.

Promouvoir la transparence et la conformité des données

Les violations de données et les problèmes de confidentialité devenant de plus en plus importants, l'accent mis sur les pratiques éthiques en matière de données est devenu essentiel. Un CMO performant doit promouvoir une gestion, un stockage et une utilisation prudents des données d'une manière qui respecte la vie privée des clients et se conforme aux réglementations en vigueur. Non seulement cela protège juridiquement votre entreprise, mais cela renforce également la confiance des clients - un atout précieux dans toute stratégie marketing.

En conclusion, le potentiel d'une stratégie axée sur les données est multiforme et important. La clé pour devenir un CMO performant réside dans l'exploitation réussie des données pour les décisions stratégiques, l'amélioration de l'expérience client, la stimulation de la croissance de la marque et, en fin de compte, la création d'une valeur commerciale sans équivoque.

Des moyens innovants pour maximiser la stratégie de marketing numérique

Alors que le monde numérique continue d'évoluer à un rythme effréné, le rôle du CMO doit également s'adapter à cette transformation numérique. Devenir un CMO performant à l'ère numérique d'aujourd'hui implique des mises à jour régulières des compétences pour rester en avance sur les tendances du marché et les changements de consommation. Un CMO performant ne doit pas seulement comprendre les fondamentaux essentiels du marketing, mais aussi l'intégration rentable des stratégies numériques.

1. Adoptez le marketing basé sur les données

L'importance des données ne peut être surestimée dans l'écosystème numérique actuel. Pour un CMO performant, le succès réside dans la pleine compréhension de la puissance des données et de la meilleure façon de les utiliser. Un directeur marketing performant utilisera les données pour façonner sa stratégie, éclairer ses décisions et mesurer son succès. Le marketing basé sur les données fournit des informations clés sur le comportement et les préférences des clients, vous permettant ainsi de créer des campagnes attrayantes et personnalisées.

2. Investir dans la technologie marketing

La technologie marketing, ou MarTech, est cruciale pour
automatiser les tâches, rationaliser les efforts marketing et
analyser les performances. Les directeurs marketing les plus
performants exploreront divers outils pour différents
domaines du marketing. Des outils CRM capturant les
interactions des clients aux plateformes d'analyse décrivant
le succès des campagnes marketing, l'intégration de la
technologie dans votre stratégie peut améliorer
considérablement l'efficience et l'efficacité du marketing.

3. Cultivez une approche omnicanal

À l'ère des consommateurs numériques, une stratégie
marketing isolée ne suffira pas. Les consommateurs
interagissent avec les marques sur plusieurs canaux, des
médias sociaux aux e-mails et aux sites Web. Un CMO
performant devra garantir une expérience cohérente et
personnalisée sur tous ces canaux. Une stratégie
omnicanale efficace renforce non seulement l'engagement
des clients, mais les fidélise également.

4. Investissez dans le marketing de contenu

À l'ère de l'information, le contenu est roi. Le marketing de
contenu consiste à créer et à distribuer un contenu précieux
et pertinent pour attirer, engager et acquérir un public
clairement défini. Pour un CMO performant, tirer parti du
marketing de contenu est un moyen idéal pour communiquer
avec le public et renforcer l'autorité de la marque. N'oubliez
pas que fournir le bon contenu au bon moment au bon public
peut considérablement augmenter vos résultats marketing.

5. Tirer parti des médias sociaux

Les plateformes de médias sociaux constituent un élément crucial de la stratégie d'un CMO performant. Ils offrent une vaste base d'audience, avec des données démographiques et des intérêts divers, présentant une opportunité lucrative pour un marketing ciblé. Les directeurs marketing avisés utilisent les plateformes de médias sociaux pour interagir avec leur public, amplifier les messages de la marque et comprendre les comportements des clients.

6. Maîtrisez le référencement

Les clients modernes se tournent vers les moteurs de recherche pour tout. Pour cette raison, un CMO performant doit rester au top des stratégies de référencement. Cela va au-delà de l'intégration de mots-clés et du travail sur les backlinks ; il s'agit de créer un contenu de qualité, d'optimiser la recherche mobile et bien plus encore. Améliorer votre classement dans les résultats de recherche augmente la visibilité, la crédibilité et, par conséquent, la conversion des clients.

En conclusion, devenir un CMO performant à l'ère numérique d'aujourd'hui implique un processus d'apprentissage continu. En adoptant le marketing basé sur les données, en investissant dans les MarTech, en cultivant une approche omnicanal, en tirant parti du marketing de contenu, des médias sociaux et en maîtrisant le référencement, un CMO performant peut créer des stratégies marketing percutantes qui innovent, trouvent un écho et, en fin de compte, mènent au succès.

Le rôle de la transformation numérique dans les stratégies marketing rayonnantes

La transformation numérique n'est plus une stratégie facultative pour les entreprises ; il est devenu une partie intégrante du succès dans tous les secteurs. En tant que directeur du marketing (CMO), adopter ce changement est la route de briques jaunes menant votre marque au pays de l'engagement client, en gagnant des parts de marché, en augmentant les revenus et en réussissant durablement.

L'intégration de stratégies numériques est un impératif pour les CMO afin d'exploiter des informations approfondies sur les clients, d'améliorer l'expérience client et de rationaliser l'efficacité opérationnelle. Grâce à l'infusion de la technologie, les CMO peuvent acquérir une compréhension précise de leur public, permettant une communication hyper-personnalisée qui trouve un écho auprès de l'utilisateur, favorisant la fidélisation et la défense des clients.

À la pointe de l'expérience client

Les plateformes de marketing numérique ont transformé les opérations de marketing traditionnelles, permettant aux entreprises d'engager les clients à divers points de contact et d'interpréter les données pour prendre des décisions stratégiques éclairées. L'utilisation de ces plates-formes permet aux CMO de cartographier les parcours des clients et d'assurer une voix de marque cohérente tout au long de leur interaction avec la marque. Les canaux de marketing interactifs ont également amélioré les opérations de marketing en temps réel, permettant une interaction immédiate entre le client et la marque.

L'intelligence artificielle (IA) joue un rôle important dans la gestion de l'expérience client. En combinant algorithmes de machine learning et données clients, les marques peuvent désormais anticiper les besoins de leurs clients et améliorer leur parcours d'achat. L'analyse prédictive peut décoder les modèles de comportement d'achat des clients, guidant le service de production et des finances pour aligner leur processus en conséquence.

Repenser la publicité traditionnelle

La transformation numérique a redéfini la publicité dans son ensemble. Internet a ouvert la voie à la prolifération des médias sociaux, modifiant la façon dont les clients perçoivent les publicités. La publicité sur Internet a permis aux marques de fournir un contenu centré sur le client tout en réduisant considérablement les coûts par rapport aux méthodes traditionnelles. Les plateformes de médias sociaux ont permis à la segmentation, au ciblage et au positionnement d'être plus raffinés que jamais.

De plus, l'essor du marketing d'influence, dans lequel les influenceurs approuvent les produits, a donné naissance à une sphère marketing plus confiante. Les clients préfèrent les interactions personnelles et les recommandations aux publicités automatisées, ce qui fait du marketing d'influence une initiative stratégique prometteuse.

Adopter les informations sur les données

L'intégration de stratégies numériques dans votre modèle commercial permet un suivi automatique des performances métriques. Les données collectées sur les sites Web, les réseaux sociaux, les systèmes CRM et d'autres sources permettent aux spécialistes du marketing d'obtenir des informations complètes sur tous les aspects de l'entreprise.

Traditionnellement, les spécialistes du marketing devaient collecter une grande quantité de données, les parcourir manuellement et formuler des hypothèses basées sur des tendances macroéconomiques. Toutefois, les plateformes d'analyse avancée d'aujourd'hui peuvent traiter des données à grande échelle et en tirer des informations exploitables qui influencent les décisions marketing en temps réel.

Les spécialistes du marketing peuvent désormais suivre les interactions spécifiques des clients menant à des conversions, déterminant ainsi le meilleur mix marketing. De plus, les algorithmes prédictifs peuvent prévoir les tendances futures, permettant ainsi à l'équipe marketing d'élaborer une stratégie basée sur les informations obtenues.

Conclusion

Adopter la transformation numérique enrichit la stratégie marketing globale. Qu'il s'agisse d'améliorer l'expérience client, de repenser la publicité ou d'adopter des informations sur les données, l'apport de la technologie change la donne pour les entreprises. En tant que CMO performant, tirer parti des stratégies numériques donnera un avantage concurrentiel à votre entreprise, la plaçant à l'avant-garde de votre secteur.

Module 1 : Comprendre le rôle des stratégies de marketing transparentes

À l'ère technocratique moderne, le rôle d'un CMO performant va au-delà du marketing traditionnel. Elle se situe au carrefour d'une connaissance approfondie des clients, de l'adaptabilité technologique et de l'innovation stratégique. Il s'agit d'intégrer les canaux de marketing conventionnels aux plateformes numériques pour créer des stratégies de marketing transparentes.

Dans un monde où les consommateurs ont toutes les informations dont ils ont besoin à portée de main, le pouvoir s'est déplacé des entreprises vers les mains des consommateurs. En conséquence, la capacité d'attirer, d'engager, de fidéliser et de convertir les consommateurs en clients fidèles repose désormais entre les mains de stratèges marketing qui comprennent l'importance d'un plan marketing bien orchestré.

Les stratégies de marketing transparentes impliquent la création d'une approche centrée sur le client qui garantit que chaque point de contact qu'un client a avec votre marque est harmonisé. Cela implique d'intégrer tous les canaux marketing - physiques et numériques - pour délivrer un message de marque unifié, cohérent et cohérent qui ajoute de la valeur au parcours client.

Reconnaître la puissance des données et de la technologie

À l'ère du marketing numérique, l'analyse avancée et l'intelligence artificielle font désormais partie intégrante de l'élaboration de stratégies axées sur les données. En tant que CMO, il est essentiel d'apprécier le pouvoir des données pour obtenir des informations significatives sur le comportement, les perceptions, les besoins et les préférences des clients.

Les progrès technologiques ont permis d'offrir des expériences personnalisées aux clients, ce qui augmente considérablement la satisfaction et la fidélité des clients. Un CMO efficace doit être à l'avant-garde de l'exploitation de la technologie pour créer des initiatives marketing ciblées qui trouvent un écho auprès du client à un niveau personnel.

Cultiver une culture de l'innovation

De nombreux experts affirment que, dans un paysage de marché en évolution rapide, la capacité d'innover est ce qui différencie les entreprises prospères de leurs concurrents. En tant que CMO hautement performant, cultiver une culture de l'innovation au sein du service marketing et dans l'ensemble de l'organisation devrait être une priorité absolue.

Ici, l'innovation ne fait pas seulement référence à l'innovation en matière de produits ou de services, mais également aux moyens de commercialisation et de contact avec les consommateurs. Expérimenter différents canaux de marketing, techniques de ciblage et stratégies promotionnelles est crucial pour maintenir la pertinence de la marque sur un marché de plus en plus concurrentiel.

Établir des relations numériques et personnelles

Avec l'essor des médias sociaux et autres points de contact numériques, il est devenu facile pour les consommateurs de se connecter directement aux marques. Les directeurs marketing devraient tirer parti de cette opportunité pour établir des relations numériques qui semblent personnelles au consommateur.

Cela implique une communication constante, un engagement véritable et un service client rapide. En répondant rapidement aux demandes et aux commentaires des clients, vous démontrez aux consommateurs que leurs opinions et leur satisfaction comptent pour l'entreprise. Cela contribue à renforcer la confiance et la fidélité, et même à transformer les consommateurs en défenseurs de la marque.

Mesurer le ROI et les KPI

Mesurer le retour sur investissement (ROI) de ces stratégies est tout aussi crucial que la conception et la mise en œuvre de stratégies marketing. Cela permet d'identifier les stratégies qui s'avèrent efficaces et celles qui doivent être optimisées ou abandonnées.

Au-delà des mesures financières, les CMO doivent également suivre les indicateurs de performance clés (KPI), tels que les scores de satisfaction client, les taux de fidélisation de la clientèle et la visibilité de la marque, entre autres. Ceux-ci fourniront une vue globale de l'impact de vos stratégies marketing sur les performances de votre marque et de votre entreprise.

En conclusion, devenir un directeur marketing performant nécessite une compréhension du marché et un zèle pour prendre des décisions axées sur les consommateurs. Il s'agit de fournir un leadership qui inspire l'équipe marketing à concevoir des stratégies qui créent de la valeur à long terme pour la marque. Avec des stratégies de marketing transparentes, un paysage de marché en évolution devient moins un défi et plus une opportunité de croissance et de succès.

VII. Construire et diriger des équipes performantes

Chapitre 23 : Favoriser une culture de réalisation collaborative

La réussite est essentielle dans tout environnement professionnel, mais la réussite collaborative est la sauce secrète des équipes performantes. En tant que directeur du marketing (CMO), favoriser une culture dans laquelle les équipes travaillent de manière cohérente et efficace vers des objectifs communs peut faire la différence entre des performances moyennes et phénoménales.

Définir et communiquer les objectifs de l'équipe

Une équipe performante a besoin d'une compréhension claire de ce vers quoi elle travaille. En tant que directeur marketing, vous devez prendre l'initiative de définir des objectifs d'équipe alignés sur les objectifs plus larges de l'entreprise, en les communiquant efficacement entre les équipes. Les objectifs doivent non seulement être quantifiables et mesurables, mais aussi motivants pour rallier l'équipe vers leur réalisation.

De plus, l'importance de la transparence ne peut être surestimée ; chaque membre de l'équipe doit comprendre son rôle individuel dans la contribution à ces objectifs de groupe. Des discussions ouvertes et des séances de feedback régulières facilitent cette compréhension et créent un sentiment d'objectif commun.

"Se réunir est un début. Rester ensemble est un progrès. Travailler ensemble est une réussite. » – Henry Ford

Cultiver la confiance et la sécurité psychologique

L'examen interne très médiatisé de Google, Project Aristotle, a mis en évidence la sécurité psychologique comme le facteur le plus crucial de la performance d'une équipe. Essentiellement, les employés doivent avoir la certitude qu'ils peuvent s'exprimer, commettre des erreurs ou proposer de nouvelles idées sans craindre de représailles, de critiques ou d'embarras. En tant que leader, votre rôle est de nourrir cet environnement en favorisant l'ouverture, en respectant toutes les contributions et en reconnaissant que tout le monde peut (et fera) des erreurs. Il s'agit de créer une atmosphère dans laquelle les défis sont considérés comme des opportunités et non comme des menaces.

"Aucun de nous n'est aussi intelligent que nous tous." —Ken Blanchard

Encourager la collaboration inter-équipes

Un CMO doit aller au-delà de la pensée cloisonnée en encourageant la collaboration et les interactions entre les différents départements. Le marketing est interconnecté avec le développement de produits, les ventes, le service client et plus encore ; ainsi, avoir une culture coopérative où les équipes discutent, s'alignent et dépannent de manière constructive peut créer des campagnes plus intégrées et plus puissantes. Des réunions interdépartementales régulières et des canaux de communication ouverts peuvent faciliter cela.

Construire un environnement d'apprentissage

Une complaisance choyée peut freiner la croissance. Une équipe performante recherche une amélioration continue et maintient un état d'esprit d'apprentissage. En tant que CMO, il est nécessaire de favoriser un environnement qui encourage les initiatives d'apprentissage - programmes de formation, ateliers, programmes de mentorat et accès à des leaders d'opinion ou à des personnalités inspirantes au sein de l'industrie. L'apprentissage continu permet aux équipes de rester polyvalentes, holistiques dans leur compréhension et toujours prêtes à s'adapter dans notre industrie en évolution rapide et en constante évolution.

Donner du pouvoir aux membres de l'équipe

Une équipe habilitée est une équipe qui a l'autorité et l'autonomie nécessaires pour prendre des décisions. Cela renforce non seulement l'efficacité et l'adaptabilité, mais augmente également la satisfaction et l'engagement au travail. Cela signifie fournir aux équipes les ressources et les conseils nécessaires, puis leur faire confiance pour exécuter les tâches. La microgestion affaiblit le moral et la productivité, mais les individus autonomes se sentent valorisés et sont plus susceptibles de faire de leur mieux pour atteindre les objectifs de l'équipe.

Reconnaître et récompenser le succès

Enfin, reconnaître et récompenser les succès d'équipe et individuels est fondamental. Il favorise la motivation, la satisfaction au travail et la loyauté, tout en créant une culture axée sur la performance. Les récompenses, les éloges verbaux, les primes lucratives et les promotions sont quelques-unes des méthodes de reconnaissance du travail exceptionnel.

La mise en œuvre de ces stratégies ne garantit pas une transformation du jour au lendemain, mais avec de la persévérance et un leadership efficace, elles établissent les bases d'une culture d'équipe performante. En favorisant la collaboration, les équipes deviennent plus que la somme de leurs parties : elles deviennent une unité performante capable d'obtenir des résultats exceptionnels.

L'importance d'une culture de travail collaborative pour les équipes performantes

L'équipe de haute performance d'aujourd'hui est un groupe diversifié d'individus, chacun apportant un ensemble de compétences, d'expériences et de perspectives uniques. L'objectif est de tirer parti de ces différences pour stimuler efficacement l'innovation et la performance. Toutefois, y parvenir n'est pas une tâche simple. Cela nécessite une culture de travail bien définie basée sur le respect mutuel, la confiance et la collaboration. La nature de cette culture de travail dépend en grande partie des valeurs et principes propagés par le CMO (Chief Marketing Officer).

1. Favoriser l'unité par la diversité et l'inclusion

Une équipe performante doit s'adapter à une réflexion et à des perspectives différentes. Cette diversité peut stimuler la créativité et la croissance. Cependant, cela peut aussi conduire à des conflits s'il n'est pas géré efficacement. En tant que CMO performant, il est essentiel de favoriser un environnement inclusif où chacun se sent valorisé. Ceci est renforcé par la définition et la communication d'objectifs d'équipe clairs qui correspondent aux forces et aux aspirations individuelles. Ensuite, renforcer l'idée que chaque membre contribue individuellement au succès de l'équipe.

Il est essentiel de célébrer la diversité plutôt que de lui permettre de devenir une source de division. Encouragez les activités de consolidation d'équipe, les opportunités de formation croisée et créez des plateformes pour une communication fluide. Cela peut inclure la mise en place de réunions d'équipe régulières, la mise en place de canaux de rétroaction constructifs et la promotion d'initiatives de diversité.

2. Assurer une communication efficace

Les équipes performantes s'épanouissent grâce à une communication ouverte, franche et continue. La responsabilité incombe au CMO d'inculquer une culture de communication où chacun se sent en sécurité et à l'aise pour partager des idées, des commentaires et des préoccupations. Une communication individuelle régulière avec les membres de l'équipe est tout aussi importante pour résoudre les problèmes individuels et garder le pouls de la santé de l'équipe.

Il est tout aussi important d'articuler clairement les objectifs et les attentes de l'équipe dès le départ. Les objectifs fixés doivent être SMART - Spécifiques, Mesurables, Atteignables, Réalistes et Temporels, alignés sur le plan stratégique global de l'entreprise.

3. Promouvoir une culture d'apprentissage et d'innovation

L'équipe performante doit apprendre et innover en permanence. Il est de la responsabilité du CMO de créer un environnement qui favorise l'apprentissage, le perfectionnement et l'innovation constants.

Encouragez les membres de l'équipe à prendre des risques et à expérimenter. Prévoyez du temps pour l'idéation et le brainstorming. Valorisez et célébrez les idées innovantes qui peuvent potentiellement apporter des changements à l'équipe et à l'organisation. Offrez également des

opportunités d'apprentissage continu grâce à des ateliers,
séminaires, webinaires et cours réguliers.

4. Développer la responsabilité

Tous les membres d'une équipe performante doivent se
sentir responsables de leurs rôles, processus et résultats.
Un directeur marketing doit créer une culture dans laquelle
les gens assument leurs responsabilités et contribuent
activement aux objectifs de l'équipe.

Le partage de rapports d'avancement, la réalisation
d'évaluations périodiques des performances et le fait que les
membres de l'équipe présentent leurs contributions peuvent
favoriser la responsabilisation au sein de l'équipe.

5. Reconnaître et récompenser la performance

La reconnaissance publique des réalisations stimule
considérablement le moral de l'équipe et encourage une
meilleure performance. Récompenser et célébrer les
réalisations individuelles et d'équipe crée un sentiment de
fierté et d'appartenance parmi les membres. Cela peut aller
de simples remerciements lors de réunions d'équipe, à des
récompenses, voire des promotions, qui démontrent la
valeur que l'organisation accorde au travail acharné et aux
résultats.

Une équipe performante n'est pas le fruit du hasard ; il est
cultivé. En tant que directeur marketing, favoriser une culture
de travail collaboratif avec une vision claire, une
communication ouverte, un apprentissage continu, une
responsabilité et une reconnaissance appropriée mettra
votre équipe sur la voie de la haute performance.

VII.1 L'importance de constituer des équipes performantes

La constitution d'équipes performantes est essentielle dans le paysage commercial actuel, en évolution rapide et compétitif. Ces équipes composées d'individus possédant une expertise et des compétences uniques peuvent stimuler l'innovation, accélérer la croissance et améliorer la performance globale d'une organisation. En tant que directeur marketing (CMO), posséder la capacité de constituer, gérer et diriger des équipes performantes est une exigence clé.

Les équipes performantes font preuve d'une intelligence collective qui dépasse la somme de leurs capacités individuelles. Il ne s'agit pas seulement d'avoir des membres très performants. Les équipes efficaces impliquent un environnement dans lequel les capacités de chaque membre bénéficient d'une plateforme pour briller et contribuer de manière significative. Ils ont tendance à avoir une structure solide et collaborative qui comprend des objectifs partagés, des rôles clairement définis, une communication ouverte, la confiance et le respect des compétences de chacun.

VII.2 Stratégies pour constituer des équipes performantes

1. **Définir des attentes claires :** en tant que directeur marketing, vous devez définir des attentes claires qui correspondent à la mission et aux objectifs de l'organisation. Les membres de l'équipe doivent être conscients de ce que l'on attend d'eux et de la manière dont leurs efforts contribuent aux objectifs plus larges.

2. **Promouvoir la diversité et l'inclusion :** Il est essentiel de créer une équipe avec des parcours et des perspectives diversifiés. Un groupe diversifié est plus susceptible de proposer des idées innovantes car il aborde les situations différemment.
3. **Favoriser un environnement de communication ouvert :** les équipes performantes prospèrent dans des environnements de communication ouverts où les idées peuvent être partagées et discutées librement.
4. **Encourager l'apprentissage et le développement continus :** un environnement qui encourage le perfectionnement des compétences peut aider l'équipe à suivre les dernières tendances, améliorant ainsi ses compétences et ses performances globales.
5. **Établir la responsabilité et la responsabilité :** chaque membre de l'équipe doit être tenu responsable de ses actions et de ses responsabilités, en promouvant la responsabilité et en favorisant un sentiment d'appartenance.

VII.3 Diriger des équipes performantes

Diriger des équipes performantes implique plus que de les gérer. Cela nécessite une approche plus nuancée et complexe qui implique le renforcement de la confiance, une communication efficace, la définition des bons paramètres, etc. Voici quelques stratégies qui peuvent fonctionner :

1. **Créer et maintenir une culture positive :** La culture de travail joue un rôle crucial dans la performance de l'équipe. Le leader doit assurer un environnement positif et engageant qui motive les membres de l'équipe.
2. **Fournir des commentaires et de la reconnaissance :** fournir des commentaires réguliers, à la fois constructifs et appréciés, est

important pour améliorer les performances et maintenir la motivation des membres de l'équipe.

3. **Faire preuve d'un leadership décisif :** un leader décisif favorise la confiance dans l'équipe. La capacité de décision découle d'une bonne information, d'un bon jugement et du courage de prendre des risques calculés.

VII.4 Paramètres clés pour surveiller les performances de l'équipe

En plus de constituer des équipes performantes, il est tout aussi important de surveiller leurs performances et de procéder aux ajustements nécessaires. Les métriques suivantes, couramment utilisées, peuvent vous fournir des informations exploitables :

1. **Productivité :** elle mesure le rendement de l'équipe sur une période spécifiée.
2. **Qualité :** Ceci évalue la qualité du travail produit par l'équipe.
3. **Efficacité :** cela examine dans quelle mesure les membres de l'équipe utilisent les ressources dont ils disposent pour atteindre leurs objectifs.
4. **Satisfaction des employés :** un employé satisfait est généralement plus productif, engagé et moins susceptible de quitter l'organisation.

En comprenant, mettant en œuvre et gérant ces facettes des équipes performantes, un CMO contribue non seulement au succès de son équipe mais également à la valeur qu'elle apporte à l'organisation. Ce chapitre a servi de base pour constituer et diriger des équipes performantes, en vous fournissant des stratégies, des directives et des mesures pour mesurer et optimiser les performances. Les sections suivantes approfondiront chaque stratégie et fourniront des conseils pratiques sur la façon dont vous pouvez les mettre en œuvre.

7.1 Le pouvoir des métriques dans la constitution d'équipes performantes

La vraie valeur d'un CMO est définie par les résultats obtenus face aux changements incessants du marché et à une concurrence intense. Inutile de dire que le calibre de l'équipe marketing joue un rôle essentiel dans l'atteinte de ces objectifs. Ainsi, l'adoption d'une approche basée sur les métriques devient essentielle lors de la constitution et de la direction d'équipes performantes.

7.1.1. Choisir les « bonnes » mesures

La première étape consiste à sélectionner les bons indicateurs qui correspondent aux objectifs stratégiques de l'entreprise. En règle générale, ceux-ci peuvent inclure des mesures liées à la notoriété du produit, à la croissance du marché, à l'acquisition de clients, à la conversion de prospects, à la fidélisation de la clientèle, à la valeur à vie du client, à la satisfaction du client et à la fidélité à la marque.

La clé ici est d'éviter de sélectionner trop de mesures. Toutes les mesures ne sont pas nécessaires ni même bénéfiques. En tant que directeur marketing, vous devez rationaliser les indicateurs afin qu'ils reflètent réellement les objectifs stratégiques à court et à long terme de votre organisation.

7.1.2. Intégrer des mesures dans l'évaluation des performances

Une fois les mesures appropriées sélectionnées, il est temps de les intégrer dans l'évaluation des performances de chaque membre de l'équipe. Cela motive l'équipe à garder ces objectifs spécifiques au centre et encourage la responsabilité. En intégrant stratégiquement ces mesures dans les évaluations de performances, les incitations, les primes et la réalisation des domaines de résultats clés (KRA), vous pouvez efficacement conduire votre équipe vers des performances élevées.

7.1.3. Surveiller les progrès et prendre des mesures en temps opportun

Après avoir mis en place le système d'évaluation basé sur des métriques, il est essentiel de mesurer systématiquement les progrès et de procéder aux ajustements nécessaires. Utilisez des outils de business intelligence et d'analyse pour surveiller les performances en temps réel. Des ajustements rapides peuvent remettre l'équipe sur la bonne voie si elle semble dévier de sa trajectoire.

7.1.4. Encourager une culture d'amélioration continue

La création d'un environnement qui valorise l'amélioration continue est au cœur de toute équipe performante. Cela implique à la fois de célébrer les victoires et de reconnaître les points à améliorer. En évaluant et en ajustant continuellement votre approche, votre équipe s'adaptera également à un marché en évolution et améliorera son efficacité au fil du temps.

7.2 Parcours de performance pour les équipes les plus performantes

Une équipe performante ne se construit pas du jour au lendemain. Il s'agit d'un parcours visant à exploiter les forces, à combler les écarts et à poursuivre sans relâche la réalisation d'objectifs collectifs. Voici quelques parcours empruntés par des leaders marketing à succès :

7.2.1. Vision claire et cohérente

Une vision claire et cohérente donne à l'équipe un sens de l'orientation et du but. En tant que directeur marketing, il est de votre devoir d'articuler, de promouvoir et de maintenir cette vision tout au long de votre parcours de leadership.

7.2.2. Autonomie et Confiance

Donnez à votre équipe de l'autonomie - soyez assuré qu'elle possède les compétences et les connaissances nécessaires pour faire son travail efficacement. Cela engendre un sentiment d'appropriation et de responsabilité, les incitant à atteindre des performances élevées.

7.2.3. Récompenser et reconnaître le travail acharné

Reconnaître et récompenser le travail acharné et les réalisations contribue grandement à remonter le moral. Il reconnaît le travail acharné de l'équipe et renforce le comportement qui mène au succès.

7.3 Élaboration de parcours et de stratégies : le rôle du CMO

7.3.1. La modélisation de rôle

En tant que directeur marketing, vous devez incarner les valeurs, les attitudes et les comportements que vous souhaitez voir dans votre équipe. Lorsque votre équipe vous voit travailler dur, prendre des risques, apprendre de vos échecs et célébrer vos réussites ; ils sont motivés à faire de même.

7.3.2. Identifier et optimiser les forces individuelles

Comprenez les forces uniques des membres de votre équipe et mettez-les à profit pour atteindre vos objectifs commerciaux. Cela permet d'optimiser les performances de l'équipe et de garantir que chaque membre de l'équipe joue un rôle adapté à ses capacités.

7.3.3. Faciliter la collaboration et la communication

Une équipe performante se nourrit de la collaboration et de la communication. Les CMO doivent faciliter une communication ouverte et honnête et favoriser une culture où la collaboration est reconnue et récompensée.

Le parcours pour devenir un CMO performant implique de constituer et de diriger des équipes performantes. Et maîtriser l'utilisation des indicateurs, développer des parcours de performance et utiliser des approches de leadership stratégique sont fondamentaux pour ce parcours. En tirant parti de ces méthodes, les CMO peuvent conduire efficacement leurs équipes vers des performances exceptionnelles, amplifiant ainsi avec succès la compétitivité de l'organisation.

A. Introduction à la gestion d'équipe et au leadership dans le domaine du marketing

Être un directeur marketing (CMO) très performant va au-delà de compétences marketing de premier ordre. Il englobe une solide maîtrise de la gestion et du leadership d'équipe efficaces. Diriger une équipe nécessite de développer une approche globale qui prend en compte tous les aspects de la gestion, y compris l'embauche, le développement, la motivation et la rétention des membres de l'équipe.

Le CMO hautement performant est une personne qui non seulement conceptualise et élabore des stratégies, mais qui utilise une approche collective, garantissant la coopération de son équipe et d'excellentes performances dans différents projets et initiatives. De plus, ils encouragent une culture de créativité, de collaboration, de transparence et de responsabilité.

je. Principes clés d'un leadership efficace

1.Vision

Chaque équipe qui réussit s'appuie sur une vision claire et convaincante. La vision fournit une orientation, définit les priorités et motive les membres de votre équipe. En tant que CMO hautement performant, il est de votre responsabilité d'inspirer à votre équipe une vision commune de l'avenir.

2. Autonomisation

Donnez du pouvoir aux membres de votre équipe en leur fournissant les ressources, les connaissances et l'autonomie dont ils ont besoin pour réussir. Une équipe responsabilisée est plus engagée, plus productive et plus susceptible de rester au sein de l'organisation à long terme.

3.Communications

Une communication efficace est une compétence de leadership essentielle. Assurez-vous que les objectifs, les stratégies et les progrès de l'équipe sont clairement communiqués et compris. Écoutez les idées, les défis et les commentaires des membres de votre équipe, et favorisez un environnement où une communication ouverte et honnête est encouragée.

4. Reconnaissance

Reconnaissez et appréciez les efforts et les réalisations de votre équipe. La reconnaissance stimule le moral, augmente l'engagement et encourage les membres de l'équipe à continuer à donner le meilleur d'eux-mêmes.

5. Amélioration continue

Favoriser l'amélioration continue en recherchant des commentaires, en analysant les performances et en mettant en œuvre les changements nécessaires. Créez une culture d'apprentissage et de croissance où les erreurs sont considérées comme des opportunités d'apprendre et de s'améliorer.

ii. Le rôle de la dynamique d'équipe

En plus des principes de leadership efficaces, comprendre et favoriser une dynamique d'équipe positive est crucial pour bâtir et diriger des équipes performantes.

1. Cohésion d'équipe

La cohésion d'équipe fait référence au lien qui unit l'équipe. Cela affecte l'engagement de l'équipe envers ses tâches, sa loyauté envers l'organisation et sa volonté de collaborer et de coopérer les uns avec les autres.

2. Prise de décision collaborative

Engager les membres de l'équipe dans les processus décisionnels peut accroître leur engagement envers le résultat et leur responsabilité dans la mise en œuvre de la décision.

iii. Gestion des performances

La gestion du rendement implique des activités qui garantissent que les objectifs sont atteints de manière efficace et efficiente. Il s'agit d'un processus continu qui implique de fixer des objectifs, d'évaluer les progrès, d'élaborer des plans d'amélioration et d'aider les membres de l'équipe à atteindre leurs objectifs.

Un directeur marketing performant adopte une approche stratégique de la gestion des performances, en alignant les objectifs individuels sur les objectifs globaux de l'organisation, en fournissant un encadrement et un feedback continus et en offrant des opportunités de développement professionnel.

iv. Élaboration et mise en œuvre de programmes de formation

Les programmes de formation et de développement peuvent grandement améliorer les performances et la productivité de votre équipe. Ils comblent l'écart entre les compétences actuelles et les compétences requises pour effectuer le travail avec succès.

En tant que CMO, identifiez en priorité les besoins de formation de votre équipe, développez des programmes de formation pertinents et évaluez régulièrement leur efficacité.

V. Promouvoir un environnement de travail positif

Un environnement de travail positif inspire le travail d'équipe, encourage le moral, attire les talents et augmente la productivité. Cela comprend des éléments tels que le respect, la confiance, une communication ouverte et des opportunités de croissance et de développement.

En promouvant une culture ancrée dans la positivité, vous générerez des niveaux plus élevés d'engagement, de collaboration et de performance parmi les membres de votre équipe.

Conclusion

En conclusion, constituer et diriger des équipes performantes va au-delà de l'attribution de tâches et du suivi des progrès. Il s'agit de créer une vision, de responsabiliser votre équipe, de faciliter la communication, de reconnaître, de promouvoir l'amélioration continue, de favoriser une dynamique d'équipe positive, de gérer intelligemment les performances, de mettre en œuvre des programmes de formation efficaces et d'inculquer une culture de travail positive. Grâce à ceux-ci, un CMO performant peut permettre à ses équipes d'atteindre leur plus haut potentiel, amplifiant ainsi l'efficacité marketing de l'ensemble de l'organisation.

VIII. Naviguer dans la transformation numérique en tant que CMO

Chapitre 8.1 : Comprendre le rôle des mesures numériques dans l'amélioration des performances

Dans le monde du marketing numérique, les données et les indicateurs sont devenus l'épine dorsale des processus décisionnels. En tant que directeur marketing (CMO) hautement performant, comprendre et capitaliser sur les avantages des mesures numériques est primordial pour réussir la transformation numérique.

La puissance des métriques numériques

Les mesures numériques fournissent une évaluation objective de l'endroit où se trouve un CMO et des voies potentielles vers là où il souhaite être. Chaque mesure est un facteur directeur qui offre des informations sur le comportement des clients, les performances marketing et la compétitivité de l'entreprise dans le paysage numérique. Ils facilitent une prise de décision éclairée, vous permettant de réagir rapidement et de manière stratégique aux changements du marché numérique.

Métriques marketing indispensables pour un CMO

Pour gérer la stratégie marketing ciblée d'une entreprise, vous, en tant que directeur marketing, devez vous concentrer sur une poignée d'indicateurs clés :

1. Coût d'acquisition client (CAC)

Cette mesure vous permet de mesurer le coût d'acquisition d'un nouveau client, vous aidant ainsi à comprendre si les dépenses marketing et commerciales de l'entreprise sont efficaces ou doivent être optimisées.

2. Valeur à vie du client (CLV)

En mesurant la valeur totale qu'un client apporte à votre entreprise tout au long de sa vie en tant que client, vous pouvez planifier stratégiquement votre budget marketing et mieux prédire la croissance future de votre entreprise.

3. Taux de conversion

Qu'il s'agisse de visiteurs de sites Web qui se transforment en clients payants ou de prospects réussis qui se transforment en ventes, les taux de conversion vous aident à évaluer l'efficacité de votre stratégie marketing et commerciale.

4. Retour sur investissement marketing (ROMI)

En calculant le montant des revenus générés par chaque dollar marketing dépensé, vous pouvez évaluer la rentabilité des campagnes marketing et ajuster les stratégies en fonction des résultats.

5. Prospects qualifiés en marketing (MQL) et prospects qualifiés en vente (SQL)

Ces métriques mesurent la qualité et la quantité des prospects générés, vous aidant à séparer ceux qui sont prêts à acheter (SQL) des autres qui ont besoin d'un développement supplémentaire (MQL).

6. Mesures d'engagement

L'examen de mesures telles que le taux de rebond, le temps passé sur le site, les pages par visite et les taux d'ouverture et de clics, entre autres, fournissent des informations sur la manière dont les consommateurs interagissent avec votre présence numérique.

Structurer un cadre de métriques numériques

Concevoir un cadre de mesures numériques approprié dans le cadre du processus de transformation numérique. En tant que CMO, fournissez une structure définie et une visibilité sur différents aspects tels que la collecte de données, la sélection de mesures, l'analyse des données et la modification de la stratégie. Chacun d'eux doit être lié aux objectifs globaux de l'entreprise, garantissant que les efforts que vous consacrez à la transformation numérique sont étroitement liés aux objectifs primordiaux de l'organisation.

Quantifier les métriques numériques dans la stratégie

Un CMO performant comprend non seulement ces mesures, mais sait également comment les intégrer dans la formulation de stratégies robustes. De la segmentation au ciblage et au positionnement, chaque facette de votre stratégie marketing doit exploiter ces mesures afin de prendre des décisions plus précises et basées sur les données.

De plus, à mesure que le paysage numérique évolue constamment, disposer d'une vue claire basée sur des mesures vous permet de vous adapter rapidement et d'améliorer le retour sur investissement de vos activités marketing. Il vous permet également de communiquer les résultats plus efficacement à votre équipe, aux parties prenantes et aux autres décideurs clés de votre organisation, soulignant ainsi la proposition de valeur de vos initiatives marketing.

Conclusion

Pour réussir la transformation numérique en tant que CMO, il faut une compréhension approfondie des indicateurs numériques, de leur pertinence et de la manière dont ils peuvent être systématiquement traduits en décisions stratégiques. La maîtrise de ces éléments vous fournira les outils nécessaires pour conduire l'organisation vers la réalisation de ses objectifs dans l'espace numérique. N'oubliez pas qu'à l'ère de la transformation numérique, un CMO performant est un CMO axé sur les données.

Sous-section : Mettre les voiles dans le vaste océan de la transformation

numérique : stratégies, initiatives et défis

À l'ère du numérique, un directeur marketing (CMO) doit endosser plusieurs casquettes et canaliser ses forces vers l'orchestration de la transformation numérique au sein de l'organisation. Naviguer dans les eaux tumultueuses de la transformation numérique peut s'avérer difficile ; Cependant, avec des stratégies robustes et des voies axées sur les données, un CMO peut efficacement tirer parti des vents du changement à l'avantage de l'organisation.

Premier acte : Comprendre la transformation numérique

Pour naviguer en douceur dans la mer de la transformation numérique, les CMO doivent d'abord comprendre ce que la transformation numérique implique réellement. Essentiellement, la transformation numérique fait référence à l'intégration de la technologie numérique dans toutes les sphères d'une organisation. Mais il ne s'agit pas simplement d'un changement technologique ; il englobe également un changement de culture, impliquant un passage à un état d'esprit plus expérimental, adaptable et agile.

Deuxième acte : tracer la voie

À la base, la transformation numérique est un jeu de stratégie. Les directeurs marketing doivent soigneusement planifier le parcours numérique de l'organisation.

- **Identification et priorisation :** les directeurs marketing doivent identifier les domaines du domaine du marketing qui tireraient le plus fort impact stratégique de la transformation numérique. Les domaines à fort impact incluent généralement l'engagement des clients, l'analyse des données, le suivi du retour sur investissement et le développement de nouvelles offres numériques. La priorisation des domaines sur lesquels se concentrer garantit que les ressources de l'organisation seront utilisées de manière optimale.

- **Définition d'objectifs** : afin d'orienter les efforts de l'organisation vers un récit unifié, les directeurs marketing doivent établir des objectifs clairs et mesurables. Par exemple, les objectifs pourraient aller de l'augmentation de l'engagement des clients grâce au marketing omnicanal à l'amélioration de la prise de décision basée sur les données.
- **Élaboration de la feuille de route** : une fois ces objectifs définis, les CMO doivent définir un plan d'action complet. Ce plan doit détailler le calendrier, les ressources requises et les initiatives spécifiques pour soutenir la transformation.

Acte 3 : Concevoir des stratégies robustes

La stratégie du CMO doit être aussi dynamique que la transformation numérique elle-même.

- **Marketing agile** : à l'ère d'une évolution numérique rapide, les directeurs marketing doivent adopter des méthodologies de marketing agiles qui donnent la priorité aux interactions, aux individus, aux logiciels fonctionnels et à la collaboration avec les clients plutôt qu'à une documentation complète et au strict respect des plans.
- **Prise de décision basée sur les données** : les directeurs marketing doivent se concentrer sur les mesures et utiliser les données pour éclairer leurs

décisions. Cette évolution vers un marketing basé sur les données permet non seulement d'évaluer qualitativement les campagnes marketing, mais également de prévoir les tendances futures.

- **Approche centrée sur le client :** la transformation numérique ouvre divers canaux d'interaction avec les clients. En se concentrant sur une approche centrée sur le client, les directeurs marketing peuvent créer des expériences client personnalisées, transparentes et engageantes sur les canaux numériques et hors ligne.

Acte 4 : Surmonter les défis

Comme toute entreprise de grande envergure, le parcours de la transformation numérique est semé d'embûches.

- **Résistance au changement :** Le défi le plus courant auquel les directeurs marketing sont confrontés est la résistance au changement au sein de l'entreprise. Briser les silos traditionnels et favoriser une culture expérimentale et tolérante aux défaillances est essentiel pour stimuler l'innovation numérique.
- **Déficit de compétences :** Souvent, il existe un déficit de compétences dans l'adoption des nouvelles technologies. Les CMO doivent résoudre ce problème en offrant des possibilités de formation et en encourageant l'apprentissage tout au long de la vie.

En conclusion, le voyage à travers la transformation numérique ressemble beaucoup à un départ en eaux inexplorées : il est motivé par une stratégie, guidé par une carte complète et comporte son ensemble unique de défis. Mais, avec une main ferme à la barre – le CMO – les récompenses dépassent de loin les difficultés initiales, ouvrant la voie à des niveaux sans précédent d'innovation, de connexion avec les clients et de réussite sur le marché.

Transformer le rôle du CMO à l'ère numérique : stratégie et tactiques

L'ère numérique a radicalement remodelé le paysage commercial, éliminant efficacement les barrières à l'entrée et érodant les limitations traditionnelles imposées par la géographie, la taille et les prouesses en matière d'investissement. Par conséquent, redéfinir le rôle du CMO est devenu un élément essentiel pour parcourir le chemin de la transformation numérique.

Traditionnellement, il suffisait aux directeurs marketing d'être capables de créer des stratégies marketing convaincantes, de nourrir l'identité de marque et de gérer les relations clients. Cependant, à l'ère du numérique, le rôle varie selon les organisations mais exige des changements fondamentaux dans des domaines tels que l'analyse des données, l'expérience client et les opérations numériques. Ce chapitre explore les stratégies et tactiques clés nécessaires pour devenir un CMO performant dans un monde numérique.

Adoptez l'analyse des données

La transformation numérique a placé l'analyse des données sous les projecteurs. Les spécialistes du marketing ont désormais accès à de vastes quantités de données, mais exploiter pleinement ces données nécessite un niveau de sophistication analytique qui n'a pas été traditionnellement associé au rôle du CMO. Le CMO moderne doit acquérir des compétences dans l'interprétation des analyses pour éclairer les décisions marketing, obtenir des informations solides sur les clients et mesurer l'impact de leurs initiatives marketing stratégiques en temps réel. Cette approche basée sur les données transforme non seulement les processus de prise de décision mais aussi la nature même du marketing lui-même.

Redéfinir l'expérience client

Les attentes des consommateurs d'aujourd'hui ne cessent de croître. Ils exigent des expériences transparentes et personnalisées qui répondent à leurs besoins précisément au moment où ils se présentent. Le rôle du CMO dans ce contexte est de diriger l'organisation de ces besoins et de définir une nouvelle stratégie de partenariat en matière d'expérience client sur tous les points de contact, en tirant parti des outils et technologies numériques. Cela inclut l'utilisation des capacités de l'IA pour améliorer la personnalisation, la mise en œuvre de stratégies omnicanales et la stimulation d'un engagement proactif avec les clients.

Adoptez des opérations de marketing agiles

À mesure que la frontière entre le marketing traditionnel et le marketing numérique s'estompe, le directeur marketing doit gérer les opérations marketing avec une agilité accrue. L'introduction de nouvelles technologies marketing et les changements constants du marché nécessitent la capacité de pivoter rapidement sans sacrifier les objectifs stratégiques. Les opérations de marketing agiles peuvent rationaliser le processus de prise de décision, réduire les goulots d'étranglement, soutenir l'apprentissage continu et accélérer la réponse aux changements du marché.

Prioriser l'innovation et la créativité

La transformation numérique est, par nécessité, disruptive. Les CMO doivent donc défendre l'innovation et la créativité, explorer en dehors de leurs zones de confort et favoriser une culture qui encourage les risques calculés et l'expérimentation. Des tactiques innovantes telles que l'exploitation des technologies émergentes, le développement de stratégies de contenu révolutionnaires et l'exploitation du pouvoir des influenceurs des médias sociaux peuvent jouer un rôle déterminant dans l'élaboration d'une stratégie de marketing numérique efficace.

Développer des partenariats stratégiques

Comme l'impact des décisions marketing s'étend au-delà des limites traditionnelles du service marketing, le besoin de collaboration et de partenariats stratégiques entre les différentes fonctions au sein de l'organisation devient vital. Cela peut impliquer de s'aligner sur l'informatique pour assurer une intégration transparente des solutions martech, de coopérer avec les ventes pour s'aligner sur les besoins des clients ou de travailler avec les finances pour lier les initiatives marketing à des résultats commerciaux mesurables.

Définition de la vision technologique

La capacité d'inspirer et de diriger la vision technologique du service marketing est fondamentale pour le rôle du CMO à l'ère numérique. Cela comprend l'identification et l'intégration de nouvelles technologies de marketing, la compréhension des implications stratégiques des changements technologiques et la facilitation des investissements technologiques qui soutiennent l'efficacité du marketing.

L'avenir du rôle de CMO

Face à la transformation numérique en cours, le rôle du CMO continuera d'évoluer. Les futurs CMO devront être à l'aise avec la technologie en constante évolution, posséder une curiosité naturelle qui alimente l'apprentissage et l'adaptabilité constants, et être habiles à gérer diverses fonctions et à collaborer étroitement avec une variété de parties prenantes. En adoptant et en maîtrisant ces stratégies, le CMO moderne peut naviguer avec succès dans la transformation numérique et devenir un leader performant à l'ère numérique.

Concevoir une stratégie de transformation numérique : le guide du CMO

Le marketing moderne ne se résume plus à des campagnes créatives et à des slogans accrocheurs. À l'ère numérique d'aujourd'hui, le rôle d'un CMO s'étend au-delà des frontières traditionnelles. Non seulement ils sont responsables de la gestion de la marque et de l'expérience client, mais la transformation numérique devient également pour eux une priorité essentielle. La croissance exponentielle de la technologie a poussé les marques à repenser et à recalibrer leurs stratégies. L'élaboration d'une solide stratégie de transformation numérique devient vitale pour que les directeurs marketing puissent garder une longueur d'avance dans ce paysage concurrentiel.

Comprendre la transformation numérique

La transformation numérique implique l'intégration de la technologie numérique dans tous les domaines d'une organisation, modifiant ainsi votre façon de fonctionner et d'offrir de la valeur aux clients. Pour les directeurs marketing, la transformation numérique laisse présager un passage des activités hors ligne vers les activités en ligne, des activités traditionnelles vers les activités numériques. Cela signifie exploiter la puissance des données, de l'analyse, de l'IA, de l'apprentissage automatique et d'autres technologies numériques pour stimuler l'engagement des clients et la croissance de l'entreprise.

Éléments clés d'une stratégie de transformation numérique

La transformation numérique peut être intimidante. Voici les éléments clés que les directeurs marketing doivent prendre en compte lors de l'élaboration d'une stratégie de transformation numérique :

1. **Vision et leadership :** avoir une vision claire est primordial. Les directeurs marketing doivent comprendre parfaitement les objectifs commerciaux de leur organisation et comment la transformation numérique contribuera à atteindre ces objectifs. Un leadership fort garantit également la bonne exécution des stratégies numériques et encourage l'ensemble de l'organisation à s'aligner sur la vision de la transformation numérique.

2. **Centré sur le client :** en fin de compte, tous vos efforts de transformation numérique doivent tourner autour du client. Les directeurs marketing doivent comprendre le comportement numérique, les préférences, les besoins et les défis du client. L'utilisation des données et des analyses client pourrait fournir des tendances perspicaces pour personnaliser les expériences des clients.

3. **Intégration technologique :** les directeurs marketing doivent donner la priorité aux technologies que leur organisation doit exploiter dans le cadre du parcours de transformation numérique. Cela peut aller de l'analyse de données à l'intelligence artificielle, de l'automatisation à l'apprentissage automatique. Une bonne intégration technologique peut générer des gains d'efficacité et fournir des solutions avancées.

4. **Données et analyses :** les données sont le nouveau pétrole de l'ère numérique. Les directeurs marketing doivent comprendre l'importance d'une prise de décision basée sur les données. L'analyse peut fournir des informations exploitables qui peuvent aider à améliorer l'expérience client, à optimiser le retour sur investissement ou à stimuler la croissance globale de l'entreprise.

5. **Agilité et innovation :** Enfin, les directeurs marketing doivent favoriser une culture d'agilité et d'innovation au sein de leur organisation. Les tendances du marché et les préférences des clients évoluent rapidement dans le monde numérique, et être agile et innovant aide à rester pertinent et compétitif.

Voies vers la transformation numérique

Le parcours de transformation numérique de chaque organisation est unique. Cependant, les directeurs marketing peuvent suivre ces voies générales pour conduire leur programme de transformation numérique :

1. *Évaluer la maturité numérique :* Comprendre la
   maturité numérique actuelle de votre organisation est
   la première étape. Cela implique d'évaluer les
   technologies, les capacités, les ressources et la
   préparation numérique existantes de votre
   organisation.
2. *Identifiez l'écart :* déterminez les capacités
   numériques dont vous avez besoin pour atteindre les
   objectifs fixés et comparez-les avec vos capacités
   actuelles pour identifier l'écart.
3. *Hiérarchisez les investissements :* en fonction de
   l'écart identifié, hiérarchisez les initiatives numériques
   qui correspondent à vos objectifs commerciaux et qui
   ont le plus d'impact sur les performances.
4. *Exécuter, surveiller et optimiser :* mettre en œuvre les
   initiatives numériques, surveiller en permanence les
   performances avec des KPI définis et affiner la
   stratégie en fonction des commentaires et des
   résultats.

Dernières pensées

Naviguer dans la transformation numérique est un must pour
chaque directeur marketing à l'ère numérique actuelle. Il
s'agit de comprendre les tendances, d'exploiter la bonne
technologie, de faire émerger l'innovation et, surtout, de
garder les clients au cœur de tout cela. En tant que directeur
marketing, diriger la transformation numérique peut avoir un
impact significatif sur le succès de l'organisation sur le
marché numérique. Agissez judicieusement, planifiez
stratégiquement et continuez à vous adapter à l'évolution du
paysage numérique.

Naviguer dans la transformation numérique : décoder les indicateurs du marketing numérique

En tant que directeur du marketing (CMO), naviguer dans une transformation numérique implique l'adoption d'une myriade de stratégies. L'un de ces éléments essentiels est la compréhension et l'utilisation efficace des indicateurs de marketing numérique. Vivre à l'ère numérique exige la capacité de mesurer, d'analyser et d'interpréter les données numériques pour orienter les décisions et les stratégies marketing. Inévitablement, les indicateurs numériques clés apparaissent comme des guides uniques pour suivre les performances, percevoir le comportement des consommateurs et améliorer l'efficacité du marketing.

1.1 Pourquoi les mesures du marketing numérique sont importantes

Dans le paysage du marketing numérique, les mesures sont cruciales car elles fournissent des mesures quantifiables du succès. Ils offrent un aperçu des subtilités des efforts de marketing en ligne et guident l'évaluation de l'efficacité de stratégies spécifiques. Comportement du public, niveau d'engagement, taux de conversion : tout cela peut être suivi et analysé grâce à diverses mesures de marketing numérique. L'agilité, une exigence primordiale pour toutes les entreprises au milieu de l'évolution numérique rapide, est considérablement améliorée lorsque le CMO exploite des métriques pour adapter les stratégies en fonction des données entrantes.

1.2 Les mesures essentielles pour le CMO moderne

Bien qu'il existe de nombreuses mesures de marketing numérique disponibles, sélectionner celles qui conviennent à votre entreprise peut s'avérer difficile. Vous trouverez ci-dessous quelques-unes des mesures essentielles auxquelles chaque directeur marketing doit prêter attention :

Mesures d'engagement : celles-ci quantifient le niveau auquel le public interagit avec votre contenu ou votre marque. Les mesures d'engagement incluent les taux de clics, les taux d'ouverture, les likes, les commentaires, les partages, les enchères, etc. Comprendre ces mesures aide à ajuster efficacement le contenu pour améliorer l'engagement du public.

Mesures de conversion : essentielles au suivi du retour sur investissement (ROI), les mesures de conversion révèlent combien de prospects ou d'engagements d'utilisateurs aboutissent finalement à des ventes. Des mesures telles que le taux de conversion, le taux de rebond, le taux de sortie, etc. aident à affiner les stratégies de marketing numérique pour obtenir les meilleurs taux de conversion possibles.

Valeur à vie du client (CLV) : CLV projette le chiffre d'affaires total qu'une entreprise peut raisonnablement attendre d'un seul compte client. Il prend en compte la valeur des revenus d'un client et compare ce chiffre à la durée de vie prévue du client par l'entreprise. C'est essentiel pour planifier des stratégies commerciales à long terme.

Coût par acquisition (CPA) : il indique le coût encouru par votre entreprise pour acquérir un nouveau client – ce qui est crucial pour budgétiser les coûts de marketing et calculer le retour sur investissement.

Mesures de rétention : les taux de rétention des utilisateurs, le taux de désabonnement, etc. sont des mesures clés qui indiquent les niveaux de satisfaction des clients et leur lien avec la marque au fil du temps.

1.3 Analyser et appliquer des métriques : la perspective du CMO

Être un CMO performant implique non seulement de comprendre les indicateurs pertinents du marketing numérique, mais également de les analyser et de les appliquer efficacement. Un directeur marketing doit être capable d'interpréter les données derrière ces mesures, d'en tirer des informations vitales, puis d'appliquer ces apprentissages pour améliorer la stratégie marketing globale. Il s'agit de transformer les données en informations exploitables qui génèrent de véritables résultats commerciaux.

En tant que CMO, analyser régulièrement les mesures pour évaluer les performances de vos initiatives marketing, identifier et vous concentrer sur les indicateurs de performance clés (KPI) qui correspondent à vos objectifs commerciaux – et orienter les stratégies en fonction de ces informations – permet d'obtenir un marketing numérique efficace et réactif. environnement.

1.4 Paramètres et stratégie adaptée à la culture

La transformation numérique rapide implique également un public dynamique. Dans un tel scénario, un CMO performant ajustera constamment l'interprétation des indicateurs, en fonction des tendances culturelles et de l'évolution des besoins des clients. Une stratégie culturellement informée, guidée par une interprétation appropriée des mesures, peut jouer un rôle crucial pour trouver un écho auprès du public, un engagement à long terme et une éventuelle croissance de l'entreprise.

En conclusion, une utilisation éclairée et intelligente des indicateurs de marketing numérique, essentiels pour naviguer dans la transformation numérique, fait la différence entre un bon CMO et un excellent. Il vous permet de comprendre ce qui fonctionne le mieux pour votre marque, de mesurer et d'améliorer les performances et d'établir une connexion plus forte et plus attachante avec votre public. En effet, les métriques sont des outils de navigation essentiels dans les innombrables voies de la transformation et du succès du marketing numérique.

IX. Études de cas de directeurs marketing hautement performants

Étude de cas : Le leadership transformationnel de John Doe en tant que CMO

John Doe, CMO de XYZ Corporation, représente un brillant exemple de directeurs marketing hautement performants dans tous les secteurs. Ses stratégies innovantes, son dévouement inébranlable et sa compréhension claire des paramètres ont fait de XYZ Corporation une entreprise leader bénéficiant d'une grande reconnaissance de marque.

Introduction

John a rejoint XYZ Corporation alors que l'entreprise avait du mal à se maintenir à flot dans une mer de rivaux hautement concurrentiels. Avec des tactiques de marketing modifiées, il a conçu une histoire de réussite transformationnelle qui sert d'exemple à tous les professionnels du marketing. Il était conscient de sa responsabilité non seulement de répondre aux besoins existants du marché, mais aussi d'anticiper les besoins futurs et de créer des solutions.

Métriques : une étoile du Nord

Les métriques ont fourni les bases de la stratégie marketing de John. La capacité à identifier les bonnes mesures et données était au cœur de la réussite de XYZ Corporation. John s'est concentré de manière significative sur des mesures telles que le coût d'acquisition client (CAC), la valeur à vie du client (CLV), les taux de conversion et les mesures d'engagement en ligne. Il a mis l'accent non seulement sur les mesures quantitatives, mais également sur les mesures qualitatives telles que le sentiment de marque, la satisfaction des clients et le score net du promoteur (NPS).

Sous sa direction, des audits réguliers ont été effectués pour garantir que les mesures utilisées étaient toujours pertinentes et efficaces pour atteindre les objectifs commerciaux de XYZ Corporation. Ce faisant, John a converti les métriques en son North Star, l'aidant à diriger la direction marketing de l'entreprise avec précision et intention.

Adapter le parcours

John a reconnu l'importance d'adapter l'approche marketing à la taille, aux objectifs et au public de l'entreprise. Comprenant qu'il n'y a pas de stratégie unique, il a créé sa voie vers le succès. La stratégie s'articulait autour d'une approche centrée sur le client, de campagnes marketing multicanaux, d'une image de marque solide et d'une innovation continue.

De plus, John a compris la valeur du contenu à l'ère numérique. Grâce à un contenu engageant, précieux et personnalisé, il a réussi à établir une forte présence en ligne pour XYZ Corporation. Son insistance à intégrer des outils technologiques tels que l'IA et le Big Data dans leur stratégie a également amélioré leurs efforts de marketing et fourni des informations qui leur manquaient auparavant.

Stratégies mises en œuvre

La pensée stratégique de John a pris forme lorsqu'il a adopté des stratégies de marketing novatrices. Il a orchestré le passage d'un marketing centré sur le produit à un marketing centré sur le client, soulignant l'importance d'améliorer le parcours client. Le géomarketing était une autre stratégie qu'il a mise en œuvre, permettant un marketing personnalisé et basé sur la localisation qui a considérablement augmenté la portée de l'entreprise.

John croyait également au pouvoir des partenariats. En collaborant avec des partenaires stratégiques, il a réussi à bâtir un réseau, à atteindre de nouvelles clientèles et à améliorer la réputation et l'image de marque de l'entreprise. De plus, en tirant parti du marketing à la performance – en se concentrant sur des résultats marketing et publicitaires mesurables – il a réussi à optimiser chaque dollar dépensé et n'a développé que les stratégies qui ont donné des résultats prouvés.

Résultats

Sous la direction de John, XYZ Corporation a connu un changement radical. La société a constaté une augmentation notable des mesures clés telles que la fidélisation de la clientèle, la valeur à vie du client et le trafic organique. De plus, leur image de marque s'est considérablement améliorée, créant un lien émotionnel plus important avec leur clientèle, conduisant à un score net de promoteur plus élevé. Les revenus annuels ont également connu une croissance à deux chiffres, marquant le succès financier de ses stratégies marketing.

En conclusion, John Doe illustre un CMO très performant au sein de XYZ Corporation, démontrant le rôle déterminant du leadership et de la réflexion stratégique dans le marketing. Son approche unique, sa compréhension des indicateurs et ses stratégies innovantes ont démontré que le leadership marketing est crucial pour générer une croissance et un succès notables d'une entreprise.

Étude de cas 1 : Le stratège - Créer des campagnes marketing réussies

Notre première étude de cas concerne un CMO très performant nommé Feargal Quinn. M. Quinn, qui a occupé le poste de directeur du marketing pour une importante entreprise technologique, a fait preuve de qualités de leadership exceptionnelles dans son rôle axé sur la stratégie.

Contexte et défis

M. Quinn est arrivé au poste de directeur du marketing dans des circonstances difficiles. L'entreprise venait de subir une fusion et avait du mal à intégrer les différentes branches de ses opérations. De plus, l'image de marque numérique de l'entreprise était considérablement sous-développée par rapport au monde en évolution rapide du commerce électronique.

Stratégies et mise en œuvre

La stratégie de Feargal comportait plusieurs facettes, se concentrant sur la résolution des problèmes immédiats tout en jetant les bases d'une croissance à long terme. Voici ce qu'il a fait :

- **Unification des produits** : Quinn a compris que la première étape pour rebondir après la crise post-fusion était d'unifier la suite de produits. Il a animé des réunions interdépartementales pour promouvoir la compréhension mutuelle et la coopération et donner le ton d'une direction marketing unifiée.
- **Comprendre la clientèle** : Quinn a insisté pour mener des études de marché approfondies pour comprendre les besoins et les préférences de leur clientèle. Il pensait que ces informations étaient inestimables pour créer des campagnes marketing personnalisées et performantes.
- **Transformation numérique** : Consciente de la marque numérique sous-développée de l'entreprise, Quinn a réorganisé les ressources pour étendre l'empreinte numérique de l'entreprise. Cela impliquait d'investir dans la conception de sites Web, le marketing de contenu et d'intensifier les activités sur les réseaux sociaux.
- **Approche basée sur les données** : un élément central de la stratégie marketing de Feargal consistait

à exploiter la puissance des données. Son équipe a utilisé l'analyse pour suivre le comportement des clients, comprendre les tendances du secteur et tester le taux de réussite de différentes stratégies marketing.

- **Autonomisation de l'équipe** : Quinn croyait en l'autonomisation de son équipe. Il a développé une culture de communication ouverte, de feedback cohérent et d'apprentissage continu.

Résultats et principaux points à retenir

Suite aux stratégies marketing de Quinn, l'entreprise est devenue l'une des marques les plus reconnues dans son créneau de l'industrie technologique. L'engagement des clients a considérablement augmenté et l'entreprise a constaté une augmentation substantielle de ses revenus. En l'espace de deux ans, les campagnes ciblées initiées par son équipe ont permis d'augmenter le taux de conversion d'environ 35 %.

Parmi les principaux enseignements du succès de Feargal :

- **Intégration et communication** : Un front uni est impératif pour une image de marque réussie. Dans ce cas, l'unification des produits a été une étape importante qui a aidé l'entreprise à projeter un message de marque cohérent et clair auprès de ses clients.
- **Approche centrée sur le client** : une croissance durable ne peut être obtenue qu'en se concentrant sur les besoins et les préférences des clients. Les études de marché permettent de mieux comprendre les tendances et leurs implications.
- **Puissance numérique** : les entreprises ne doivent pas sous-estimer le potentiel de la révolution

numérique pour leur activité. Les plateformes de médias sociaux et le marketing de contenu sont des outils puissants qui peuvent améliorer considérablement la visibilité et la part de marché d'une entreprise.

- **Utilisation des données** : l'utilisation d'analyses et d'autres outils basés sur les données aide les organisations à prendre des décisions éclairées, augmentant ainsi l'efficience et l'efficacité de leurs stratégies marketing.
- **Style de leadership** : responsabiliser l'équipe marketing augmente son investissement dans son travail, stimulant ainsi la créativité, la productivité et la satisfaction au travail.

Faisant écho aux sentiments de tous les leaders qui réussissent, Quinn a attribué son succès à son équipe et a affirmé la valeur de leur travail d'équipe. Son histoire compile clairement certains des indicateurs, voies et stratégies les plus importants, faisant de lui un CMO hautement performant exemplaire.

Étude de cas 1 : Le parcours transformationnel de Sarah, une directrice marketing très performante

Nous commençons cette section en discutant de Sarah, une directrice marketing visionnaire qui a redéfini la dynamique du succès dans son organisation, la faisant passer d'un acteur du marché à un leader du marché.

1.1 Début de carrière et parcours vers le poste de CMO

Sarah a débuté sa carrière dans le domaine du marketing en tant que stagiaire enthousiaste dans une startup. Au fil des années, elle a gravi les échelons de l'entreprise avec une attention constante aux résultats et un engagement infatigable envers l'apprentissage. Sa polyvalence et son esprit axé sur les résultats ont facilité sa transition rapide de responsable marketing à directrice marketing en l'espace de sept ans seulement. Elle s'est aventurée dans diverses fonctions commerciales, acquérant des expériences précieuses et perfectionnant ses compétences en matière de réflexion stratégique. Ces expériences l'ont préparée à devenir la candidate idéale pour le poste de CMO qui lui a été proposé dans une entreprise technologique réputée.

1.2 Plonger en profondeur dans les métriques

La compréhension inhérente de Sarah de l'importance des mesures la rendait unique. Elle était connue sur le territoire pour son approche méthodique visant à tirer des enseignements précieux des données des consommateurs. Son obsession pour les mesures a assuré le centrisme sur les données de l'organisation et a aidé à élaborer des stratégies marketing qui ne reposaient pas uniquement sur l'instinct mais sur des données concrètes. Les indicateurs de performance clés (KPI) tels que la valeur du cycle de vie du client (CLV), le retour sur investissement marketing (ROMI) et le Net Promoter Score (NPS) étaient ses domaines d'intervention qui ont aidé à aligner les initiatives marketing sur les objectifs commerciaux globaux.

1.3 Stratégies révolutionnaires

L'ascension de Sarah au sein de la ligue des CMO hautement performants a été une démonstration de leadership, d'innovation et de perspicacité stratégique. Elle a placé le consommateur au centre de ses stratégies, prônant une approche client d'abord qui a révolutionné les communications de son entreprise.

En outre, l'accent mis sur le développement d'une stratégie multicanal cohérente et intégrée a contribué à consolider les efforts marketing fragmentés de l'entreprise. En intégrant le marketing de contenu, les médias sociaux, le référencement et la publicité traditionnelle dans une seule opération parfaitement synergisée, elle a maximisé le retour sur investissement du marketing et la cohérence de la marque.

1.4 Ouvrir la voie à la transformation numérique

Sarah avait prévu le pouvoir de l'évolution numérique dans le marketing bien avant qu'elle ne devienne la norme. Elle a défendu la transformation numérique des opérations marketing de son organisation, en s'efforçant de créer une plateforme numérique robuste. À l'aide d'outils d'analyse avancés, elle a extrait des informations sur les préférences, le comportement et les attentes des clients. Sa capacité à saisir l'essence du « big data » et à la traduire en stratégies concrètes a fait d'elle un atout indispensable pour son entreprise.

1.5 Culture organisationnelle et développement des employés

Comprenant que la ressource la plus précieuse de toute organisation est son capital humain, Sarah a déployé des efforts conscients pour favoriser une culture de travail saine, inclusive et inspirante. Elle a lancé des programmes réguliers de formation et de développement et créé des opportunités de croissance pour son équipe, formant ainsi les futurs dirigeants de l'organisation.

L'histoire de Sarah sous-tend les piliers permettant d'être un directeur marketing hautement performant : compréhension et utilisation approfondies des indicateurs, stratégies innovantes, prévision des tendances numériques et gestion des personnes. Son étude témoigne du rôle de plus en plus stratégique des directeurs marketing, soulignant comment leur leadership peut transcender les frontières traditionnelles pour stimuler systématiquement la croissance et le succès de l'organisation.

Étude de cas : Phil Schiller d'Apple Inc.

Phil Schiller n'est peut-être pas un nom connu, mais ses contributions en tant que directeur du marketing (CMO) au sein de l'une des entreprises les plus prospères au monde – Apple Inc. – offrent des leçons importantes à quiconque cherche à atteindre le sommet de la profession de marketing. .

Contexte et cheminement de carrière

Avant de rejoindre Apple en 1997, Schiller a occupé plusieurs postes clés en marketing dans des sociétés technologiques telles que Macromedia Inc. et FirePower Systems Inc. Son expérience antérieure auprès d'entreprises axées sur la technologie l'a familiarisé avec les opérations de l'industrie technologique, en particulier avec les lancements de produits et le positionnement de la marque.

Réalisations chez Apple

Chez Apple, l'un des exploits majeurs de Schiller a été de jouer un rôle déterminant dans le lancement de « l'iPod », un produit innovant qui a révolutionné la façon dont les gens écoutent de la musique. La stratégie marketing, dirigée par Schiller, a positionné le produit non seulement comme un lecteur de musique MP3, mais comme quelque chose qui allait changer la vie des gens – une « révolution de la musique numérique iPod et iTunes ».

Schiller faisait également partie de l'équipe responsable du lancement et de la commercialisation mondiaux réussis de l'iPhone et de l'App Store d'Apple, des produits qui sont aujourd'hui devenus synonymes de communication mobile et d'informatique modernes.

Stratégies clés

Les stratégies marketing de Schiller ont toujours inclus une compréhension approfondie du client. En se concentrant sur les besoins et les préférences des clients, Schiller a pu créer des campagnes marketing qui ont profondément trouvé un écho auprès du marché cible.

L'une de ses stratégies fondamentales a toujours été la simplicité. Les campagnes d'Apple sous Schiller, comme la célèbre campagne « Think Different », ont prospéré sur des récits simples mais puissants. Il était habile à réduire des concepts technologiques complexes en un langage simple et des visuels convaincants auxquels les consommateurs pouvaient s'identifier.

Indicateurs de réussite

Schiller croyait en l'adoption d'une approche quantitative du marketing, en utilisant des mesures basées sur les données pour mesurer le succès des campagnes et éclairer les décisions futures. En analysant et en interprétant les données des chiffres de vente, le comportement des consommateurs et les tendances du marché, Schiller a pu continuellement modifier et affiner les stratégies marketing d'Apple et maintenir la position de leader de l'entreprise sur le marché.

Leçons apprises

Il y a plusieurs points à retenir de l'époque où Phil Schiller était directeur marketing d'Apple. L'un des principaux enseignements est l'importance de comprendre les besoins et les motivations du client. Schiller a également prouvé que la simplicité peut être un outil puissant en marketing : un récit simple et convaincant peut accomplir beaucoup de choses s'il trouve un écho auprès des consommateurs.

Le travail de Schiller souligne également l'importance des données dans le marketing : des données précises et exploitables peuvent et doivent alimenter chaque décision marketing.

Résumé

Le cas de Phil Schiller représente parfaitement ce qu'implique le fait d'être un directeur marketing performant :

une compréhension approfondie des besoins du client, la capacité de communiquer efficacement, le recours à des données précises pour prendre des décisions et une vision infaillible de ce que représente la marque. Être un CMO performant ne consiste pas seulement à mener des campagnes réussies ; il s'agit de construire et de maintenir une marque à laquelle les clients font confiance et qu'ils aiment.

IX.1 Étude de cas : Haute performance via l'alignement stratégique - Le CMO de X-Brand à l'échelle mondiale

La transformation radicale de la stratégie marketing de X-Brand est de loin l'une des histoires les plus inspirantes à ce jour. Lorsque Jane Doe a pris les rênes en tant que directrice du marketing (CMO) de X-Brand, son défi consistait à faire face au déclin de la portée du marché et à une clientèle nettement vieillissante. La marque X était en difficulté dans un espace de marché de plus en plus rapide et axé sur le numérique. Le leadership visionnaire de Jane Doe et ses stratégies basées sur les données ont transformé ces défis en opportunités, positionnant X-Brand comme un acteur majeur sur le marché mondial.

Aligner la stratégie marketing avec la vision de l'entreprise

Doe a commencé son mandat chez X-Brand en remodelant la stratégie marketing pour refléter la vision plus large de l'entreprise, reconnaissant la nécessité d'une approche collaborative entre toutes les divisions de l'entreprise. Elle a organisé des réunions interfonctionnelles où chaque équipe a présenté ses objectifs marketing stratégiques pour l'année, menant à des ajustements organisationnels holistiques répondant aux besoins de chaque département tout en maintenant l'alignement avec la vision de l'entreprise. Cette adaptation inclusive et pratique de la stratégie organisationnelle fut une première indication de l'aptitude de Doe en tant que leader rassembleur.

Investir dans l'analyse et les mesures pour des décisions basées sur les données

Même si l'alignement stratégique avec la vision de l'entreprise était le pilier de la stratégie de Doe, elle a également mis l'accent sur des analyses marketing rigoureuses. Elle savait que le CMO moderne ne peut pas simplement compter sur la seule créativité. Doe a introduit l'analyse prédictive pour guider les campagnes promotionnelles de X-Brand et a constitué une équipe de data scientists pour créer une plate-forme complète d'analyse client.

Cette approche basée sur les données a identifié des segments de marché qui étaient auparavant sous-ciblés par X-Brand. Il a révélé qu'une partie des jeunes consommateurs favorisaient la marque, mais que leurs intérêts et leurs habitudes d'achat étaient différents de ceux de la clientèle vieillissante. Par conséquent, Doe a pris une décision stratégique pour cibler les marchés du millénaire et de la génération Z – une décision qui aurait été pratiquement invisible sans les informations obtenues grâce à l'analyse des données clients.

Approche axée sur le numérique et accent sur l'engagement

Un autre élément essentiel de la stratégie de Doe était de se concentrer sur une approche marketing axée avant tout sur le numérique. Elle s'est rendu compte que la jeune clientèle potentielle était hautement compétente en matière de numérique et active sur de nombreuses plateformes de médias sociaux. Doe a investi de manière significative dans l'amélioration de la présence numérique de X-Brand, depuis la refonte du site Web pour évoluer avec le paradigme du design contemporain jusqu'au lancement d'applications mobiles.

Elle a renforcé la présence de X-Brand sur les réseaux sociaux de manière innovante en tirant parti du marketing d'influence. Ses stratégies donnaient la priorité à l'engagement de la marque plutôt qu'au contenu promotionnel flagrant, en se concentrant sur la création d'expériences numériques qui trouvaient un écho auprès des consommateurs ciblés.

Résultats et stratégies prospectives

L'alignement stratégique, la prise de décision basée sur les données et l'approche numérique de Doe ont transformé le paysage marketing de X-Brand. Ses stratégies de marketing uniques ont entraîné une augmentation de 35 % de la portée du marché et une fréquence importante d'interactions avec les jeunes.

De plus, Doe continue d'aligner ses stratégies futures sur les tendances marketing émergentes, en particulier l'importance croissante des technologies immersives comme la réalité augmentée (RA) et la réalité virtuelle (VR) pour les expériences marketing centrées sur l'utilisateur. Cette approche tournée vers l'avenir la maintient à l'avant-garde du marketing moderne, ce qui la distingue en tant que CMO agile et proactive.

Le cas de Jane Doe en tant que CMO de X-Brand démontre le rôle crucial que joue un CMO performant dans la redéfinition du positionnement stratégique d'une marque. Son succès découle en grande partie de sa capacité à aligner les objectifs marketing sur la vision plus large de l'entreprise, à prendre des décisions fondées sur les données et à mettre en œuvre une approche axée sur le numérique. Le parcours de Doe signifie qu'un directeur marketing performant doit être à la fois un stratège visionnaire et un tacticien pragmatique, capable de diriger la marque sur un marché mondial en évolution rapide.

X. Conclusion : Tendances futures et défis pour les CMO

Le paysage de la prochaine dynamique de CMO numérique

Entrant dans une nouvelle ère du numérique et du comportement des consommateurs, le rôle du Chief Marketing Officer (CMO) est en constante évolution. L'avenir dévoile de nouveaux horizons, des responsabilités accrues et des défis auxquels tout directeur marketing avant-gardiste doit se préparer.

Numérisation accélérée

La transformation vers le numérique n'est plus une tendance ; c'est la réalité qui constitue la base à partir de laquelle les CMO doivent fonctionner. Être un CMO performant à l'avenir dépendra en grande partie de l'adoption de la technologie numérique. Cela couvre un large spectre allant de l'intelligence artificielle (IA) et du Big Data à l'automatisation et à la publicité programmatique, etc. Dans un monde où la majorité des interactions clients se dérouleront sous forme numérique, l'orientation vers le numérique est cruciale pour les directeurs marketing.

Prise de décision basée sur les données

Face au flot croissant de données, les directeurs marketing performants dépendront fortement de leur capacité à filtrer des informations significatives à partir de masses d'informations. Cela signifie maîtriser l'analyse grâce à des outils et techniques de précision sophistiqués qui convertissent les données brutes en informations décisionnelles précieuses. Plus que simplement comprendre l'information, il est plus important de l'interpréter et de l'appliquer à des fins stratégiques.

Personnalisation et expérience client

Le consommateur d'aujourd'hui exige des expériences personnalisées et fluides, et ces demandes ne feront que s'intensifier. Par conséquent, les directeurs marketing doivent faire passer les stratégies d'expérience client à un niveau supérieur. La haute performance coïncidera avec la capacité d'un CMO à créer des campagnes hyper-personnalisées qui répondent directement aux besoins, préférences et comportements individuels des consommateurs.

Naviguer dans la complexité et le changement

À l'ère de la complexité croissante du marché et des changements incessants, un état d'esprit polyvalent et adaptatif est essentiel. Les directeurs marketing performants devront naviguer efficacement à travers de nombreuses tendances, changements et perturbations. Cela présuppose un état d'esprit d'apprentissage continu et la capacité de réinventer des stratégies et de s'adapter face au changement, qu'il s'agisse de changements mondiaux, de marché, de secteur ou spécifiques à une organisation.

Rôle renforcé au-delà du marketing

La portée du rôle de CMO s'élargit, transcendant les frontières traditionnelles. Aujourd'hui, les CMO doivent posséder des compétences en matière de croissance d'entreprise, d'innovation, de service à la clientèle et même d'aspects des opérations. Le CMO performant du futur sera un chef d'entreprise complet, capable de contribuer au succès global de l'organisation.

Mettre l'accent sur la durabilité

Le client moderne est de plus en plus conscient des pratiques de durabilité des marques à engager. Par conséquent, les CMO devront développer des stratégies de marketing qui mettent l'accent sur leur engagement envers la durabilité. Les directeurs marketing les plus performants lanceront et mettront en œuvre des initiatives de développement durable percutantes, intégreront efficacement la durabilité dans les récits de leur marque et la communiqueront à la fois en interne et en externe.

Ce sont des temps passionnants mais difficiles à venir pour les CMO. Pour devenir un directeur marketing performant, il est important de comprendre l'évolution du paysage, d'apprendre en permanence et de s'adapter progressivement. Pour entreprendre ce voyage dynamique, les directeurs marketing devront explorer différentes voies et stratégies. Mais en même temps, gardez à l'esprit que la clé d'une haute performance réside dans la maîtrise des fondamentaux : les besoins des clients, une communication claire et le maintien de l'alignement organisationnel autour de la marque et de la stratégie.

En effet, le contexte du rôle du Chief Marketing Officer évolue rapidement. Cependant, armés des bons indicateurs, de la capacité de progresser sur des voies innovantes et de la volonté d'adopter de nouvelles stratégies, les directeurs marketing peuvent relever efficacement les défis d'aujourd'hui tout en anticipant la promesse d'une nouvelle ère du marketing.

Perspectives sur l'avenir du CMO haute performance

Alors que nous avons parcouru les chemins complexes pour devenir un CMO hautement performant, il est essentiel de jeter notre regard sur des horizons encore inexplorés : les tendances et les défis futurs qui pourraient façonner le rôle du CMO. Comment leur position va-t-elle évoluer ? Quelles nouvelles mesures pourraient émerger et quelles stratégies stimuleront l'efficacité dans un paysage commercial en constante métamorphose ?

L'émergence des stratégies basées sur les données

Les données ont certainement changé la donne pour de nombreux secteurs au cours de la dernière décennie, et leur influence sur la stratégie marketing ne fait pas exception. Le CMO performant de demain devra être plus que jamais axé sur les données.
Ils devront non seulement comprendre comment rassembler et nettoyer les ensembles de données appropriés, mais aussi comment les analyser de manière significative. Il ne s'agit pas seulement de comprendre les chiffres ; il s'agit d'en tirer les bonnes informations pour éclairer les décisions.

L'importance croissante de l'expérience client

L'expérience client (CX) est sur le point d'occuper une place centrale dans l'élaboration de la stratégie commerciale, et les directeurs marketing en seront aux commandes. Les directeurs marketing de demain devront promouvoir une expérience client intégrée et cohérente sur tous les points de contact. Gérer efficacement l'expérience client nécessite une vision holistique du parcours client et une véritable empathie pour les points de vue des clients.

Méthodologies agiles et Growth Hacking

À mesure que la transformation numérique s'accélère, les équipes marketing devraient agir plus rapidement et de manière plus adaptative. Les méthodologies agiles deviendront plus importantes dans la stratégie marketing. Par conséquent, les directeurs marketing les plus performants devront encourager leurs équipes à adopter des approches itératives plus flexibles qui permettent un retour d'information immédiat et une correction de cap rapide.
Dans le même esprit, les méthodes de Growth Hacking, où l'expérimentation rapide sur tous les canaux de marketing et le développement de produits est essentielle, constitueront

également une stratégie majeure pour les directeurs marketing les plus performants.

La convergence du marketing et de la technologie

L'imbrication du marketing et de la technologie se poursuit sans relâche. Avec l'évolution croissante des technologies telles que l'IA, l'apprentissage automatique, la blockchain et la VR/AR, le CMO hautement performant de demain doit bien maîtriser l'utilisation de ces technologies. Ces plates-formes offrent de nouvelles façons de se connecter avec les clients, de compléter les données clients et d'offrir une personnalisation inégalée de la messagerie.

Le défi de la personnalisation à grande échelle

Si la personnalisation a toujours été au cœur d'un marketing efficace, de nouveaux défis surgissent lorsqu'il s'agit d'intensifier ces efforts. À mesure que le nombre de points de contact avec les clients et le volume de données clients augmentent, la complexité de la fourniture d'expériences personnalisées augmente également.

Considérations éthiques en marketing

Les lois émergentes sur la protection de la vie privée, associées à une demande croissante de transparence des consommateurs, obligeront les sociétés de gestion marketing à prendre en compte les implications éthiques de leurs efforts de marketing. Les amendes en cas de violation des lois sur la protection de la vie privée peuvent être élevées, et les atteintes à la réputation peuvent être encore plus importantes. Le CMO hautement performant du futur doit équilibrer des stratégies marketing agressives avec des directives éthiques claires.

L'essence même d'un marketing réussi reste ancrée dans la compréhension de ses clients et dans la fourniture constante de valeur. Ce noyau reste inchangé. Mais les tendances et les défis qui l'accompagnent signifient que les voies, les mesures et les stratégies que les CMO utiliseront pour poursuivre cet objectif sont définies pour une évolution constante. Pour émerger en tant que leaders hautement performants dans cet espace, ils devront rester alertes, adaptables et informés avec un état d'esprit axé sur le client intégré dans leur mode opératoire.

Implications des promotions technologiques et de l'évolution du comportement des consommateurs

Dans un paysage commercial en constante évolution, les CMO sont confrontés à une pléthore de tendances et de défis formidables. Beaucoup de ces problèmes sont amplifiés par les progrès technologiques, la concurrence croissante sur le marché et l'évolution rapide du comportement des consommateurs, posant des questions sur la préparation des individus et des organisations à affronter ces tendances de front.

Une tendance clé est le recours croissant à l'apprentissage automatique et à l'intelligence artificielle. L'IA a facilité l'introduction de nombreux nouveaux outils pour la segmentation personnalisée des consommateurs et l'analyse prédictive. Un rapport publié par Gartner a révélé que 87 % des dirigeants d'entreprise identifient l'IA comme une priorité. Les progrès de l'IA et de l'apprentissage automatique offrent d'innombrables possibilités pour améliorer les fonctions marketing, telles que le marketing personnalisé, la publicité programmatique, les algorithmes d'apprentissage en profondeur pour la segmentation des clients, la planification prédictive des ventes et l'amélioration du service client grâce aux chatbots. Malgré ces opportunités, la gestion technologique, les contraintes budgétaires et les considérations liées à la confidentialité des données posent des défis importants aux directeurs marketing.

Une autre tendance dominante est l'influence croissante des plateformes de médias sociaux sur le processus de décision d'achat. Cette influence s'est manifestée sous la forme de marketing d'influence, d'UGC (User Generated Content), d'IGTV (Instagram TV), de commerce électronique en direct et de publications achetables qui ont radicalement modifié l'espace numérique et défini de nouvelles voies de marketing. L'essor du commerce social, en particulier à partir de plateformes telles qu'Instagram, TikTok et Facebook, incitera les CMO à reconsidérer et à restructurer leurs stratégies marketing.

En outre, l'accent est mis de plus en plus sur la prise de décision et les mesures de performance fondées sur les données. Les directeurs marketing sont censés être plus responsables, démontrer le retour sur investissement de leurs activités et lier directement les performances marketing aux résultats commerciaux. En mettant davantage l'accent sur les mesures, les systèmes d'automatisation du marketing et de CRM devraient également évoluer. L'intégration de technologies telles que les tableaux de bord numériques et le suivi en temps réel dans ces systèmes pourrait fournir aux directeurs marketing les informations nécessaires pour naviguer dans ces nouvelles attentes en matière de responsabilité.

De plus, l'importance accrue accordée au cycle de vie du client nécessite une approche intégrée. L'orientation client n'est plus un « avantage », c'est désormais une exigence fondamentale. Cela nécessite la fusion de tous les points de données clés spécifiques au client provenant de diverses sources en une seule vue pour obtenir une perspective client unifiée, également appelée « vue client à 360 degrés ». Grâce à cette approche holistique, les directeurs marketing peuvent optimiser l'expérience client à chaque point de contact, générant potentiellement une plus grande fidélité des clients et augmentant la CLTV (Customer Lifetime Value).

Enfin, il y a un glissement évident de la quantité vers la qualité. La demande de contenu hautement personnalisé, engageant et à valeur ajoutée augmente rapidement. Les directeurs marketing doivent se concentrer fortement sur la création de contenu qui trouve un écho auprès du public cible, plutôt que de bombarder les consommateurs avec des publicités non pertinentes, afin de renforcer efficacement les relations et de cultiver la fidélité à la marque.

En conclusion, les directeurs marketing seront confrontés à une multitude de tendances et de défis à venir. Dotés d'une compréhension de ces tendances et des stratégies correspondantes pour y faire face, les CMO performants peuvent continuer à apporter des contributions significatives pour stimuler la croissance de leur entreprise et rester compétitifs dans un paysage commercial en évolution rapide et en constante évolution.

CMO nouvelle génération : guider l'évolution du leadership marketing

Dans les années à venir, plusieurs tendances et défis clés façonneront le paysage des CMO. Ces forces redéfiniront le rôle, les responsabilités et les attentes de ces responsables marketing et leur offriront également de nouvelles opportunités pour générer une valeur exceptionnelle au sein de leurs organisations.

Premièrement, une tendance importante que tout CMO futur devra adopter est l'avènement en constante évolution de la technologie. Alors que la révolution de la transformation numérique se poursuit, les directeurs marketing devront être à l'avant-garde de l'intégration et de l'exploitation de l'IA, de l'apprentissage automatique, de l'automatisation et de l'analyse des données. Les directeurs marketing devront piloter ces technologies pour proposer des stratégies marketing personnalisées et centrées sur le client, capables de se démarquer et de capter l'attention des clients sur des marchés numériques de plus en plus encombrés. Posséder une solide compréhension de la technologie et des plateformes numériques s'avérera essentiel dans ce contexte.

Deuxièmement, les spécialistes du marketing ont toujours eu besoin de bien comprendre leurs clients. À l'ère hyper-connectée d'aujourd'hui, la compréhension va au-delà de la simple démographie. Les directeurs marketing modernes devront déchiffrer le comportement des clients sur tous les points de contact et développer des parcours qui s'alignent sur leurs préférences et leur fidélité en constante évolution. Ils devront faire face à l'importance croissante accordée à la confidentialité des clients, ce qui nécessitera de nouvelles façons de collecter et d'utiliser de manière éthique les données des clients.

Les mesures continueront également d'évoluer. Alors que traditionnellement, les CMO étaient évalués sur la base de mesures de croissance du chiffre d'affaires (c'est-à-dire les revenus et la part de marché), les organisations se concentrent de plus en plus sur des mesures de santé et de rentabilité à long terme. Des mesures telles que la valeur à vie du client et la valeur de la marque peuvent commencer à jouer un rôle plus important dans l'évaluation des performances d'un CMO. Ces mesures de la nouvelle ère appellent une orientation à plus long terme et un alignement organisationnel plus large.

Les directeurs marketing devront également s'adapter à une ère de changement continu, où les modèles commerciaux et les technologies disruptives peuvent rapidement bouleverser les stratégies marketing établies. Ils devront gérer dans un environnement d'incertitude, tester en permanence de nouvelles approches, tirer rapidement les leçons de leurs succès et de leurs échecs et adapter rapidement leurs stratégies.

L'évolution du rôle du CMO s'accompagne également de responsabilités interfonctionnelles plus étendues. Les collègues de toute l'organisation - du service client à l'informatique, des ventes aux ressources humaines - se tourneront vers le directeur marketing pour un leadership stratégique. Par conséquent, les CMO performants du futur devront être aptes à favoriser l'alignement et à favoriser la collaboration entre les fonctions.

Pour relever ces défis et capitaliser sur ces tendances, les futurs directeurs marketing hautement performants devront cultiver un état d'esprit d'apprentissage continu. Ils devront régulièrement mettre à jour leurs compétences, comprendre les nouvelles tendances du secteur et les comportements des clients, et être prêts à remettre en question les façons traditionnelles de faire des affaires.

En conclusion, la complexité croissante et l'escalade des demandes augmenteront sans aucun doute les défis auxquels seront confrontés les futurs CMO. Mais cela ouvre également des opportunités sans précédent pour réinventer le marketing, redéfinir sa proposition de valeur et générer des performances révolutionnaires. En faisant des choix stratégiques sur où jouer et comment gagner et en développant les capacités organisationnelles requises pour le paysage marketing d'aujourd'hui et de demain, le CMO de nouvelle génération peut guider avec assurance l'évolution du leadership marketing.

Sous-section : Embrasser l'avenir : stratégies et voies pour les CMO performants

Le rôle d'un directeur du marketing (CMO) continue d'évoluer en tandem avec les paysages changeants de diverses industries, évoqués par les progrès technologiques et l'évolution des comportements des consommateurs. Comme nous l'avons répété tout au long de ce livre, être un directeur marketing performant nécessite la capacité de s'adapter, d'innover et de diriger au milieu de ces changements constants. Cette discussion se termine par un aperçu des tendances futures et la définition des défis qui se présenteront, ainsi que de la manière dont les directeurs marketing devraient les surmonter pour garder une longueur d'avance sur la courbe concurrentielle.

1. Adaptations technologiques proliférantes

La route pour devenir un CMO performant est incomplète sans attacher la puissance de la technologie. Qu'il s'agisse de l'attente d'une personnalisation améliorée via l'IA, de l'importance croissante de l'analyse des données, ou du passage à l'AR et à la VR dans les expériences client numériques, de nombreuses tendances technologiques se profilent à l'horizon.

Cependant, à mesure que nous exploitons la puissance de ces technologies, nous devons relever les défis liés à l'intégration de ces technologies dans les infrastructures existantes, aux problèmes de sécurité des données et nous assurer que les équipes marketing disposent des compétences nécessaires pour gérer ces outils. Un directeur marketing doit continuer à rechercher des opportunités d'apprentissage et de développement, à expérimenter de nouvelles technologies de marketing et à faire preuve de flexibilité et de résilience au changement.

2. Expérience client et personnalisation

En termes simples, l'avenir du marketing est personnel. Les consommateurs désirent de plus en plus, voire attendent, des expériences hyper-personnalisées. Un CMO performant doit comprendre cela et s'efforcer de créer des parcours client significatifs et individualisés. L'utilisation de mesures de l'expérience client pour mesurer la satisfaction et la fidélité sera un facteur essentiel pour comprendre les besoins des clients et y répondre avec des stratégies personnalisées.

Cependant, il y a une ligne mince entre la personnalisation et l'intrusion. Le défi consiste à jongler entre les réglementations sur la confidentialité des données et la collecte de données pour générer un contenu véritablement personnalisé sans enfreindre les normes de confiance.

3. Importance de la culture d'entreprise

Créer une culture d'entreprise inclusive et solidaire n'est plus la seule responsabilité des RH. De plus en plus, les CMO jouent un rôle essentiel dans l'élaboration de la culture d'une entreprise. Un directeur marketing performant doit canaliser le lien culture-client, en favorisant une marque qui résonne auprès de son public et de ses employés.

Pourtant, les défis potentiels peuvent parfois consister à surmonter la résistance au changement, à naviguer dans la politique organisationnelle et à aligner tous les membres de l'équipe sur la transformation de la culture.

4. Marketing durable et éthique

À mesure que les consommateurs deviennent plus conscients de l'empreinte environnementale et des pratiques éthiques des entreprises, l'image de marque ciblée deviendra une tendance future. Agir de manière éthique et faire preuve de responsabilité sociale d'entreprise sera vital.

Bien que des problèmes tels que la transparence, la complexité de la chaîne d'approvisionnement et les allégations de greenwashing puissent constituer des défis potentiels, ils peuvent être résolus en équilibrant la réalisation de profits avec l'objectif, les pratiques équitables et le plaidoyer public.

5. Adopter l'agilité et la flexibilité

L'avenir est imprévisible, et la récente pandémie mondiale n'a fait que le souligner plus que jamais. L'adaptabilité, l'agilité et la résilience seront les attributs clés d'un CMO performant et tourné vers l'avenir.

Des défis imprévus peuvent survenir soudainement et pour cela, les directeurs marketing doivent cultiver une approche proactive et flexible qui leur permet de pivoter si nécessaire, en gardant toujours le focus sur la situation dans son ensemble.

Être un CMO compétent n'est pas facile, mais adopter ces tendances futures et surmonter les défis correspondants avec persévérance et une stratégie avant-gardiste peut garantir la voie vers la haute performance. L'avenir du marketing est peut-être complexe, mais les opportunités qu'il présente sont nombreuses et le potentiel de croissance est incommensurable.

Droits d'auteur et clauses de non-responsabilité :

Clause de non-responsabilité relative au contenu assisté par l'IA :

Le contenu de ce livre a été généré avec l'aide de modèles de langage d'intelligence artificielle (IA) comme CHatGPT et Llama. Bien que des efforts aient été déployés pour garantir l'exactitude et la pertinence des informations fournies, l'auteur et l'éditeur ne donnent aucune garantie concernant l'exhaustivité, la fiabilité ou l'adéquation du contenu à un usage spécifique. Le contenu généré par l'IA peut contenir des erreurs, des inexactitudes ou des informations obsolètes, et les lecteurs doivent faire preuve de prudence et vérifier indépendamment toute information avant de s'y fier. L'auteur et l'éditeur ne pourront être tenus responsables des conséquences découlant de l'utilisation ou de la confiance accordée au contenu généré par l'IA dans ce livre.

Clause de non-responsabilité générale :

Nous utilisons des outils de génération de contenu pour créer ce livre et obtenons une grande partie du matériel à partir d'outils de génération de texte. Nous mettons à disposition du matériel et des données financières via nos services. Pour ce faire, nous nous appuyons sur diverses sources pour recueillir ces informations. Nous pensons qu'il s'agit de sources fiables, crédibles et exactes. Cependant, il peut arriver que les informations soient incorrectes.

NOUS NE FAISONS AUCUNE RÉCLAMATION OU DÉCLARATION QUANT À L'EXACTITUDE, À L'EXHAUSTIVITÉ OU À LA VÉRITÉ DE TOUT MATÉRIEL CONTENU DANS NOTRE livre. NOUS NE SERONS PAS RESPONSABLES DES ERREURS, DES INEXACTITUDES OU DES OMISSIONS, ET DÉCLINONS SPÉCIFIQUEMENT TOUTE GARANTIE IMPLICITE OU DE

En plus de ce qui précède, il est important de noter que les
modèles de langage comme ChatGPT sont basés sur des
techniques d'apprentissage en profondeur et ont été formés sur
de grandes quantités de données textuelles pour générer un
texte de type humain. Ces données textuelles incluent une
variété de sources telles que des livres, des articles, des sites
Web et bien plus encore. Ce processus de formation permet au
modèle d'apprendre des modèles et des relations dans le texte
et de générer des sorties cohérentes et adaptées au contexte.

Les modèles linguistiques tels que ChatGPT peuvent être
utilisés dans diverses applications, notamment le service client,
la création de contenu et la traduction linguistique. Dans le
service client, par exemple, les modèles linguistiques peuvent
être utilisés pour répondre aux demandes des clients de
manière rapide et précise, libérant ainsi les agents humains
pour qu'ils puissent gérer des tâches plus complexes. Lors de la
création de contenu, les modèles linguistiques peuvent être
utilisés pour générer des articles, des résumés et des légendes,
permettant ainsi aux créateurs de contenu d'économiser du
temps et des efforts. Dans le domaine de la traduction
linguistique, les modèles linguistiques peuvent aider à traduire
un texte d'une langue à une autre avec une grande précision,
contribuant ainsi à éliminer les barrières linguistiques.

Il est important de garder à l'esprit, cependant, que même si
les modèles linguistiques ont fait de grands progrès dans la

génération de textes de type humain, ils ne sont pas parfaits. Il existe encore des limites à la compréhension du contexte et de la signification du texte par le modèle, et il peut générer des résultats incorrects ou offensants. Il est donc important d'utiliser les modèles de langage avec prudence et de toujours vérifier l'exactitude des résultats générés par le modèle.

Avis de non-responsabilité financière

Ce livre est destiné à vous aider à comprendre le monde de l'investissement en ligne, à éliminer toutes les craintes que vous pourriez avoir quant au démarrage et à vous aider à choisir de bons investissements. Notre objectif est de vous aider à prendre le contrôle de votre bien-être financier en vous offrant une solide éducation financière et des stratégies d'investissement responsable. Cependant, les informations contenues dans ce livre et dans nos services sont uniquement destinées à des fins d'information générale et éducatives. Il ne vise pas à remplacer les conseils juridiques, commerciaux et/ou financiers d'un professionnel agréé. Le secteur de l'investissement en ligne est une question complexe qui nécessite une diligence financière sérieuse pour chaque investissement afin de réussir. Il vous est fortement conseillé de solliciter les services de professionnels qualifiés et compétents avant de vous engager dans tout investissement susceptible d'avoir un impact sur vos finances. Ces informations sont fournies par ce livre, y compris la manière dont elles ont été réalisées, collectivement appelées les « Services ».

Soyez prudent avec votre argent. N'utilisez que des stratégies dont vous comprenez les risques potentiels et que vous êtes à l'aise de prendre. Il est de votre responsabilité d'investir judicieusement et de protéger vos informations personnelles et financières.

Nous croyons que nous avons une grande communauté d'investisseurs qui cherchent à réussir et à s'entraider pour réussir financièrement grâce à l'investissement. En conséquence, nous encourageons les gens à commenter sur notre blog et peut-être à l'avenir sur notre forum. De nombreuses personnes contribueront à cette question, cependant, il y aura des moments où des personnes fourniront des informations trompeuses, trompeuses ou incorrectes, involontairement ou autrement.

Vous ne devez JAMAIS vous fier aux informations ou opinions que vous lisez sur ce livre, ou sur tout livre auquel nous pourrions être lié. Les informations que vous lisez ici et dans nos services doivent être utilisées comme point de départ pour votre PROPRE RECHERCHE dans diverses entreprises et stratégies d'investissement afin que vous puissiez prendre une décision éclairée sur où et comment investir votre argent.

NOUS NE GARANTISSONS PAS LA VÉRACITÉ, LA FIABILITÉ OU L'EXHAUSTIVITÉ DES INFORMATIONS FOURNIES DANS LES COMMENTAIRES, LE FORUM OU D'AUTRES ESPACES PUBLICS DU livre OU DANS TOUT HYPERLIEN APPARAISSANT SUR NOTRE livre.

Nos services sont fournis pour vous aider à comprendre comment prendre de bonnes décisions d'investissement et de finances personnelles pour vous-même. Vous êtes seul responsable des décisions d'investissement que vous prenez. Nous ne serons pas responsables des erreurs ou omissions sur le livre, y compris dans les articles ou les publications, pour les hyperliens intégrés dans les messages, ou pour tout résultat obtenu à partir de l'utilisation de ces informations. Nous ne serons pas non plus responsables de toute perte ou dommage, y compris les dommages indirects, le cas échéant, causés par la confiance d'un lecteur dans toute information obtenue grâce à l'utilisation de nos Services. Veuillez ne pas utiliser notre livre si vous n'acceptez pas l'auto-responsabilité de vos actions.

La Securities and Exchange Commission (SEC) des États-Unis a publié des informations supplémentaires sur la cyberfraude pour vous aider à la reconnaître et à la combattre efficacement. Vous pouvez également obtenir une aide supplémentaire sur les programmes d'investissement en ligne et sur la manière de les éviter dans les livres suivants : http://www.sec.gov et http://www.finra.org, et http://www.nasaa.org ce sont chacune des organisations mises en place pour aider à protéger les investisseurs en ligne.

Si vous choisissez d'ignorer nos conseils et de ne pas faire de recherche indépendante sur les diverses industries, entreprises et actions, vous avez l'intention d'investir et de vous fier uniquement aux informations, «conseils» ou opinions trouvées dans notre livre – vous reconnaissez que vous avez fait une décision consciente et personnelle de votre plein gré et n'essayera pas de nous tenir responsables des résultats de celle-ci en aucune circonstance. Les services offerts ici ne visent pas à agir en tant que votre conseiller en placement personnel. Nous ne connaissons pas tous les faits pertinents vous concernant et/ou vos besoins individuels, et nous ne déclarons ni ne prétendons que l'un de nos Services est adapté à vos besoins. Vous devriez vous adresser à un conseiller en placement inscrit si vous recherchez des conseils personnalisés.

Liens vers d'autres sites. Vous pourrez également créer des liens vers d'autres livres de temps en temps, via notre site. Nous n'avons aucun contrôle sur le contenu ou les actions des livres vers lesquels nous proposons des liens et ne serons pas responsables de tout ce qui se produit en relation avec l'utilisation de ces livres. L'inclusion de liens, sauf indication contraire expresse, ne doit pas être considérée comme une approbation ou une recommandation de ce livre ou des opinions qui y sont exprimées. Vous, et vous seul, êtes responsable de faire preuve de diligence raisonnable sur tout livre avant de faire affaire avec eux.

Avis de non-responsabilité et limitations de responsabilité : En aucun cas, y compris, mais sans s'y limiter, en cas de négligence, nous, ni nos partenaires le cas échéant, ni l'une de nos sociétés affiliées, ne serons tenus responsables, directement ou indirectement, de toute perte ou dommage, quel qu'il soit, découlant de de, ou en relation avec, l'utilisation de nos Services, y compris, sans s'y limiter, les dommages directs, indirects, consécutifs, inattendus, spéciaux, exemplaires ou autres qui peuvent en résulter, y compris, mais sans s'y limiter, une perte économique, une blessure, une maladie ou un décès ou tout autre dommage. tout autre type de perte ou de dommage, ou de réactions inattendues ou défavorables aux suggestions contenues dans le présent document ou autrement causées ou présumées vous avoir été causées en relation avec votre utilisation de tout conseil, bien ou service que vous recevez sur le Site, quelle qu'en soit la source, ou tout autre livre que vous avez pu visiter via des liens de notre livre, même si vous êtes informé de la possibilité de tels dommages.

La loi applicable peut ne pas autoriser la limitation ou l'exclusion de responsabilité ou de dommages indirects ou consécutifs (y compris, mais sans s'y limiter, la perte de données), de sorte que la limitation ou l'exclusion ci-dessus peut ne pas s'appliquer à vous. Cependant, en aucun cas la responsabilité totale de notre part envers vous pour tous les dommages, pertes et causes d'action (qu'elles soient contractuelles, délictuelles ou autres) ne dépassera le montant que vous nous avez payé, le cas échéant, pour l'utilisation de notre Services, le cas échéant. Et en utilisant notre Site, vous acceptez expressément de ne pas essayer de nous tenir responsables des conséquences résultant de votre utilisation de nos Services ou des informations qui y sont fournies, à tout moment ou pour quelque raison que ce soit, quelles que soient les circonstances.

Avis de non-responsabilité concernant les résultats spécifiques. Nous nous engageons à vous aider à prendre le contrôle de votre bien-être financier grâce à l'éducation et à l'investissement. Nous proposons des stratégies, des opinions, des ressources et d'autres services spécialement conçus pour éliminer le bruit et le battage médiatique afin de vous aider à prendre de meilleures décisions en matière de finances personnelles et d'investissement. Cependant, il n'existe aucun moyen de garantir qu'une stratégie ou une technique soit efficace à 100 %, car les résultats varient selon l'individu, ainsi que les efforts et l'engagement qu'il déploie pour atteindre son objectif. Et malheureusement, nous ne vous connaissons pas. Par conséquent, en utilisant et/ou en achetant nos services, vous acceptez expressément que les résultats que vous recevez de l'utilisation de ces services dépendent uniquement de vous. En outre, vous acceptez également expressément que tous les risques liés à l'utilisation et toutes les conséquences d'une telle utilisation soient supportés exclusivement par vous. Et que vous ne tenterez pas de nous tenir responsables à aucun moment ou pour quelque raison que ce soit, quelles que soient les circonstances.

Comme stipulé par la loi, nous ne pouvons pas et ne faisons aucune garantie quant à votre capacité à obtenir des résultats particuliers en utilisant tout service acheté via notre livre. Rien sur cette page, notre livre ou l'un de nos services n'est une promesse ou une garantie de résultats, y compris que vous gagnerez une somme d'argent particulière ou, de l'argent du tout, vous comprenez également que tous les investissements comportent des risques et vous risquez en fait de perdre de l'argent en investissant. En conséquence, tous les résultats indiqués dans notre livre, sous forme de témoignages, d'études de cas ou autres, ne sont qu'illustratifs de concepts et ne doivent pas être considérés comme des résultats moyens ou des promesses de performances réelles ou futures.

indicatif uniquement et ne garantissent pas que les lecteurs obtiendront des résultats similaires. Le succès individuel dans le trading dépend de divers facteurs, notamment la situation financière personnelle, la tolérance au risque et la capacité à appliquer de manière cohérente les stratégies et techniques discutées.

Avis de droit d'auteur : Tous droits réservés. Aucune partie de cette publication ne peut être reproduite, distribuée ou transmise sous quelque forme ou par quelque moyen que ce soit, y compris la photocopie, l'enregistrement ou d'autres méthodes électroniques ou mécaniques, sans l'autorisation écrite préalable de l'éditeur, sauf dans le cas de brèves citations incorporées. dans les revues critiques et certaines autres utilisations non commerciales autorisées par la loi sur le droit d'auteur.

Marques déposées : tous les noms de produits, logos et marques mentionnés dans ce livre sont la propriété de leurs propriétaires respectifs. L'utilisation de ces noms, logos et marques n'implique pas l'approbation ou l'affiliation de leurs propriétaires respectifs.

www.ingramcontent.com/pod-product-compliance
Lightning Source LLC
Chambersburg PA
CBHW070933260726
48661CB00003B/964